普通高等学校应用型教材

会 计

企业会计模拟实验教程

第3版

主 编 吴 琦 崔西桃 王 敏

副主编 金大勇

中国人民大学出版社

·北京·

前　言

一

我们编写《企业会计模拟实验教程》，旨在为学生呈现全面、系统且实用的会计实训内容，助力学生掌握会计知识与技能，提升实践能力，从而为未来的职业发展筑牢基础。

本教材在深入探究企业会计实务及教学实践的基础上编撰而成，以企业实际发生的经济业务为依托，模拟真实的会计工作环境与业务流程，使学生在实训过程中了解并掌握会计核算、财务报表编制、税务申报等核心技能。在编写本教材的过程中我们借鉴了一些优秀的企业会计教材和教学案例，力求使本教材具有较高的科学性、时效性与实用性。我们不仅关注学生在知识与技能层面的提升，还高度重视培养学生的创新精神与团队协作能力，借助精心规划的实训项目，让学生在合作中相互交流、相互学习，共同进步。

在充分考量学生的学习特点与需求的基础上，在本教材的编写过程中我们力求实现教材内容丰富、条理清晰、易于理解。本教材涵盖基础会计、财务会计、成本会计等多门课程的知识，通过精心规划的实训项目，将这些知识有机融合，旨在帮助学生在实训过程中深化对相关知识的理解。此外，本教材还注重与实际工作的衔接，及时将最新的会计法规、企业会计准则以及相关税收政策融入实训项目，使学生能够了解并掌握最新的会计法规和税收政策，提高职业适应能力。

二

本教材第 3 版充分考虑了目前我国中小型企业迅速发展的实际状况，选取典型的中小型制造企业作为课程对象。通过虚拟一家中小型制造企业在 2024 年 9 月和 10 月的生产经营过程以及日常会计业务资料，设计了“筹建期间”和“正常经营期间”这两个具有代表性的实训项目。让学生在模拟的经营环境中，根据日常会计业务资料填制原始凭证、编制记账凭证、登记账簿、进行成本核算、编制财务报表，并做出财务分析，使学生在实训中掌握企业会计核算的核心技能。

本教材具有以下特点：

1. 定位明确。本教材适用于会计学、财务管理、审计学、金融学等专业及其他相关专业的会计综合实训。实训内容和难度定位于基础会计综合实训，与基础会计、财务会计、成本会计等课程紧密衔接，为学生提供系统的学习路径，为学生后续学习相关课程和实际工作打下坚实基础。

2. 提供自学指导。本教材注重基本原理的讲解和与会计工作规范示例的结合，提供学习指导和账务处理提示，方便学生和广大读者自学。

3. 技能训练全面。本教材提供模拟企业“筹建期间”和“正常经营期间”的日常会计业务的空白原始凭证，要求学生对业务取得的原始凭证进行填制和审核。通过填制和审核原始凭证，学生可以更好地理解日常会计业务的实际流程。

4. 融入新法规。本教材将最新的会计法规、企业会计准则以及相关税收政策融入实训项目，弥补教材与实际工作的差距，成为与新会计法和新税法配套的实训教材。比如讲解企业所得税计算和申报时，依据最新政策安排实训内容并进行讲解。

5. 突出仿真效果。本教材采用电子发票样式并新增电子转账票据业务操作。版面设计上，采用仿真的发票、单据等模拟实验资料，印章齐全，单面印刷，方便实训过程中裁切凭证，增强仿真效果，使学生在仿真环境中实验，提高学习兴趣和参与度，进而更好地适应实际工作要求。

6. 纳入真实案例。本教材体现应用型高校实践教学的特点，通过校企合作单位成员的参编，融入企业真实案例，呈现产教融合、校企合作的成果。同时也为学生提供实习和就业机会，进一步提升学生的就业竞争力。

三

本教材的编写凝聚了很多人的心血。感谢陕西科技大学镐京学院的大力支持；感谢长期以来给予支持和帮助的西安火炬税务师事务所、陕西尚华会计师事务所、西安新合税务师事务所；感谢参与修订的西安火炬税务师事务所所长金大勇；感谢多年来共同承担会计实验课程的陕西科技大学镐京学院各位老师的积极协助；感谢中国人民大学出版社对本教材出版工作的大力支持。

我们希望这本教材能够成为学生学习企业会计核算的得力助手，帮助大家在实践中不断成长和进步。同时，我们也希望广大教师和学生能够提出宝贵的意见和建议，我们将不断改进和完善本教材，更好地满足大家的需求。

目 录

第1章

实验教程总体设计

一、会计实验的目标

（1）知识与技能目标：学生能够系统地掌握企业会计核算的基本流程和方法，包括建账、填制和审核原始凭证、编制记账凭证、登记账簿、成本计算、编制财务报表以及纳税申报等，熟练运用会计专业知识解决实际会计问题。

（2）职业素养目标：培养学生具备会计人员应有的职业道德，如坚持诚信、守法奉公等，增强学生的责任心和敬业精神，同时提高学生的沟通协作能力、问题解决能力以及自我学习和管理能力。

（3）综合应用能力目标：使学生能够将所学的会计知识与实践操作相结合，将知识与实践操作融会贯通，提高综合运用会计知识进行财务分析和决策的能力，为今后从事会计工作或相关经济管理工作奠定坚实基础。

二、会计实验的目的

（1）掌握会计技能。学生通过模拟实验，能够系统地学习和掌握会计核算的基本方法和流程，包括记账、算账、报账等各个环节；能够熟练运用各种会计工具和技术，提高会计操作水平。

（2）提升实践能力。通过实际操作和模拟演练，增强学生的会计实践能力。让学生在面对实际问题时能够迅速做出反应，灵活运用所学知识和技能解决问题，提高学生的实际工作能力和应变能力。

（3）理解会计原理。深入理解会计基本原理和原则，将理论知识与实际操作相结合。让学生在模拟实验过程中体会会计原理的重要性和实际应用，加深对会计理论的理解，为今后的学习和工作打下坚实的基础。

（4）培养职业素养。在模拟实验过程中，注重培养学生严谨、细致、负责的职业态度和职业道德。让学生养成良好的工作习惯和职业操守，提高学生的职业素养和综合素质。

（5）适应职场需求。帮助学生提前熟悉企业会计工作的环境和要求，了解会计岗位的职责和任务。使学生能够更好地适应职场环境，提高就业竞争力，为今后的职业生涯做好充分准备。

三、教学方法与手段

（1）项目教学法。以实际企业会计工作项目为载体，将课程内容分解为若干个具体的项目任务，让学生在完成项目任务的过程中学习和掌握会计知识与技能，提高学生的实践操作能力以及解决问题的能力。

（2）案例教学法。选取真实或典型的企业会计案例，引导学生进行分析和讨论，让学生在案例分析中理解和运用会计理论知识，培养学生的职业判断能力和综合分析能力。

（3）模拟实训法。利用会计实训软件或手工模拟实训资料，让学生在模拟的企业会计环境中进行实际操作，体验会计工作的全过程，提高学生的动手能力和岗位适应能力。

（4）小组合作学习法。将学生分成若干小组，共同完成课程中的项目任务和实训操作，培养学生的团队协作精神和沟通能力，同时促进学生之间的相互学习和交流。

（5）多媒体教学手段。运用多媒体课件、视频、动画等教学资源，丰富教学内容和形式，增强教学的直观性和趣味性，提高教学效果。

四、会计实验的教学要求

（1）了解和掌握模拟企业的概况、相关会计制度及企业采取的会计核算方法。

（2）根据本书提供的模拟企业前期会计资料，开设有关总分类账（也称总账）、明细分类账（也称明细账）、现金日记账、银行存款日记账（使用口取纸），并登记期初余额。

（3）根据本书提供的模拟企业2024年9月和10月的全部经济业务，填制并审核原始凭证，了解各种常见原始凭证的格式、内容、用途及填制和审核方法。

（4）根据审核无误的原始凭证，编制记账凭证（通用记账凭证或收款凭证、付款凭证、转账凭证），并将所依据的原始凭证裁剪下来附在记账凭证之后，掌握经济业务的会计处理和记账凭证的编制方法。

(5) 根据审核无误的记账凭证及相关原始凭证逐日逐笔登记现金日记账、银行存款日记账和有关明细账，掌握账簿的处理和登记方法。

(6) 根据审核无误的记账凭证定期（15 天）编制科目汇总表，并根据科目汇总表登记总账，掌握科目汇总表的编制和总账的登记方法。

(7) 月末，在全部业务入账的基础上进行各账簿的月结工作。

(8) 月末，根据有关账簿记录进行对账工作，确保账证相符、账实相符，掌握对账及错账更正方法。

(9) 月末，根据总账和明细账等有关资料，编制财务报表，掌握财务报表编制的方法。

(10) 月末，将记账凭证、会计账簿、财务报表整理后，加具封面，装订成册，归档保管。

五、会计实验的教学组织

（一）知识准备

会计实验作为一门专业核心综合实验课程，要求在学生学完基础会计、财务会计、成本会计等课程的基础上开设或与财务会计、成本会计等课程同时开设。

（二）用具准备

手工实验用具包括：《企业会计模拟实验教程（第 3 版）》、记账凭证、各种账页、财务报表，凭证、账簿、报表封皮等。最后将凭证、账簿、报表分别装订、加具封面，并注明单位名称、年度月份，最后归档。

（三）实验课形式

采用分组、混岗运作方式，5～6 人组成一个学习小组，模拟一个单位的财务处，由组长（财务处处长）按照会计机构内部各岗位的分工，进行分岗位操作，明确每位岗位分管的工作范畴，安排每位同学的工作，共同完成一个模拟单位的财务工作，实验课结束时填写每位同学的分工情况。为了使每位同学对实验的全过程有完整的认识，采用分岗实验时，可以让同学定期轮岗。

本模拟实验，在条件允许的情况下，可安排学生进行计算机操作实验。在计算机操作实验过程中采用单人单机、独立完成模拟单位会计核算的形式。学生通过计算机操作，可以全面了解和掌握会计软件的工作程序、操作步骤和操作技巧，达到熟练掌握和运用会计软件处理企业日常经济业务的目的。

六、会计实验的考核

考核以小组实际操作考核为主，将过程考核与结果考核、个人考核与小组考核结合起来，既要评定学生的个人实践操作能力，又要评定学生在实践活动中的工作能力和沟通能力。考核的主要方式及考核比例构成如表1-1所示。

表1-1　考核的主要方式及考核比例构成

考核方式及考核比例	过程考核（40%）		结果考核（60%）		合计（100%）
	考勤（10%）	过程评价（30%）	个人作业（10%）	小组作业（50%）	
考核成绩					

（1）过程考核（40%）。包括考勤（10%）；学习态度、团队精神、实际工作能力等过程评价（30%）。

（2）结果考核（60%）。其中小组作业（50%）以小组提交的最终实验作业为依据；个人作业（10%）以课程结束时个人提交的实验报告为依据，实验报告要求将自己的学习效果、体会及建议加以总结，每人一篇，不少于1 500字。

（3）小组应提交的最终实验作业（结果考核内容）如表1-2所示。

表1-2　小组应提交的最终实验作业一览表

<table>
<tr><th colspan="2">会计档案名称</th><th>应提交的会计档案及数量</th></tr>
<tr><td colspan="2">收款凭证</td><td rowspan="4">提交作业1：
（1）9月记账凭证及所附原始凭证，按业务顺序号排列，加科目汇总表、加封面装订1册
（2）10月记账凭证及所附原始凭证，按业务顺序号排列，加科目汇总表、加封面装订1册</td></tr>
<tr><td colspan="2">付款凭证</td></tr>
<tr><td colspan="2">转账凭证</td></tr>
<tr><td colspan="2">科目汇总表</td></tr>
<tr><td colspan="2">现金日记账（三栏式）</td><td rowspan="2">提交作业2：
9月、10月现金日记账、银行存款日记账加封面装订1册</td></tr>
<tr><td colspan="2">银行存款日记账（三栏式）</td></tr>
<tr><td rowspan="8">明细账（三栏式）</td><td>应收账款</td><td rowspan="8">提交作业3：
（1）9月明细账按三栏式、数量金额式、多栏式排列加封面装订1册
（2）10月明细账按三栏式、数量金额式、多栏式排列加封面装订1册</td></tr>
<tr><td>应付账款</td></tr>
<tr><td>其他应付款</td></tr>
<tr><td>其他应收款</td></tr>
<tr><td>预付账款</td></tr>
<tr><td>预收账款</td></tr>
<tr><td>应交税费</td></tr>
<tr><td>实收资本</td></tr>
</table>

续表

会计档案名称		应提交的会计档案及数量
明细账（数量金额式）	材料采购	
	原材料	
	周转材料	
	库存商品	
明细账（多栏式）	管理费用	
	制造费用	
	销售费用	
	财务费用	
	生产成本	
	主营业务收入	
	主营业务成本	
	应付职工薪酬	
总账（三栏式）		提交作业 4： 9 月、10 月总账加封面装订 1 册
资产负债表		提交作业 5： 9 月、10 月报表加封面装订 1 册
利润表		

（4）实验环节学生操作自检内容及完成情况，如表 1-3 所示。

表 1-3　实验环节学生操作自检内容及完成情况

实验环节	自检指导	完成
原始凭证填制与审核	A. 学生需仔细审查发票的各项要素是否齐全，如发票抬头是否为本单位名称、纳税人识别号是否正确等 B. 检查发票的真实性，可通过国家税务总局发票查验平台等渠道进行查询验证 C. 核对发票金额的计算是否正确，数量与单价的乘积是否等于金额 D. 根据发票内容判断经济业务的真实性和合理性，如所购办公用品是否符合企业日常办公需要	□ □ □ □
记账凭证编制	A. 首先确定经济业务所涉及的会计科目，根据会计准则和企业会计政策进行准确判断 B. 按照记账凭证的格式要求，填写日期、凭证编号、摘要等内容。摘要应简明扼要地说明经济业务的主要内容 C. 将借方和贷方的会计科目及金额填写准确，确保借贷平衡 D. 所附原始凭证的张数应与记账凭证上注明的张数一致，并将原始凭证整齐地粘贴在记账凭证后面	□ □ □ □

续表

实验环节	自检指导	完成
账簿登记	A. 登记账簿时，应使用蓝黑墨水或碳素墨水书写，不得使用圆珠笔或铅笔 B. 按照记账凭证的日期、凭证编号、摘要、金额等内容，依次登记到相应的账簿中。注意账页的格式和栏目要求，如明细账需登记明细科目、借方或贷方发生额等 C. 每登记一笔业务后，应在记账凭证上标记已登记的符号，如打“√”，以防止漏记或重记 D. 对于需要结计本月发生额和余额的账户，应按照规定的方法进行月结、季结和年结，并在摘要栏注明“本月合计”“本季合计”“本年合计”等字样	□ □ □ □
财务报表编制	A. 资产负债表的编制应根据总账和有关明细账的期末余额填列。如“货币资金”项目应根据“库存现金”“银行存款”“其他货币资金”等科目的期末余额合计数填列 B. 利润表的编制依据是损益类科目的本期发生额。如“营业收入”项目应根据“主营业务收入”和“其他业务收入”科目的本期发生额合计数填列 C. 现金流量表的编制相对复杂，可采用直接法或间接法。直接法以现金及现金等价物的流入和流出为基础，反映企业经营活动、投资活动和筹资活动产生的现金流量。间接法以净利润为起点，调整不涉及现金的收入、费用、营业外收支等项目，剔除投资活动、筹资活动对现金流量的影响，据此计算出经营活动产生的现金流量 D. 编制完成后，应检查财务报表之间的勾稽关系是否正确，如资产负债表中的未分配利润期末数应等于期初数加上利润表中的净利润等	□ □ □ □
会计档案装订	A. 装订后的档案应整齐、牢固，便于保管和查阅 B. 会计凭证应按照时间顺序排列，保证记账凭证的连续性和完整性 C. 在装订好的档案封面上，应注明档案名称、起止时间、册数等信息	□ □ □

七、会计实验的内容及参考课时

会计实验的内容及参考课时见表1-4。

表1-4　会计实验的内容及参考课时

序号	教学内容	学时	学时	学时
1	根据模拟企业前期会计资料，开设有关总账、明细账、日记账（使用口取纸）；登记期初余额	2	2	2
2	填制、审核1—5日业务的原始凭证，编制记账凭证，登记日记账及明细账	2	2	2
3	填制、审核6—10日业务的原始凭证，编制记账凭证，登记日记账及明细账	2	2	2

续表

序号	教学内容	学时	学时	学时
4	填制、审核 11—15 日业务的原始凭证，编制记账凭证，登记日记账及明细账	2	2	2
5	根据 1—15 日填制的记账凭证编制科目汇总表，根据科目汇总表登记总账	4	4	4
6	填制、审核 16—20 日业务的原始凭证，编制记账凭证，登记日记账及明细账	2	2	2
7	填制、审核 21—25 日业务的原始凭证，编制记账凭证，登记日记账及明细账	2	2	2
8	填制、审核 26—31 日业务的原始凭证，编制记账凭证，登记日记账及明细账	2	2	2
9	根据 16—31 日填制的记账凭证编制科目汇总表，根据科目汇总表登记总账	4	4	4
10	根据账簿记录，进行对账和结账	4	4	4
11	根据总账和明细账编制资产负债表和利润表	4	4	4
12	进行会计档案的整理、加工、装订	2	2	2
13	计算机操作实验（原始凭证填制审核）		8	8
14	计算机操作实验（记账凭证填制审核）		4	4
15	计算机操作实验（建账、登账、对账、结账、财务报表编制）		4	4
16	计算机操作实验（成本核算、报税）			4
17	计算机操作实验（其他业务）			2
总学时		32	48	54

八、会计实验所需物品名称及数量

会计实验所需物品名称及数量见表 1-5。

表 1-5 会计实验所需物品名称及数量参考一览表

物品名称		单位	数量	备注
记账凭证	收款凭证	张	10	或通用记账凭证 110 张
	付款凭证	张	50	
	转账凭证	张	50	
账簿（账页）	现金日记账（三栏式）	页	2	
	银行存款日记账（三栏式）	页	2	
	明细账（三栏式）	页	20	

续表

物品名称		单位	数量	备注
账簿（账页）	明细账（数量金额式）	页	16	
	明细账（多栏式）	页	24	
	总账（三栏式）	页	25	
财务报表	资产负债表	页	2	
	利润表	页	2	
科目汇总表		页	4	
记账凭证封皮		张	2	
账簿封皮		张	4	
财务报表封皮		张	2	
口取纸、大铁夹、胶水、直尺、回形针、会计科目章等物品		/	/	根据实际需要准备

第2章

会计实务操作基本要求及示例

一、会计文字及数字书写规范

会计书写的内容主要有阿拉伯数字的书写、数字中文大写以及汉字书写等。

会计书写规范是对企业会计事项书写时采用的书写工具、文字或数字、书写要求、书写方法及格式等方面进行的规范。会计文字及数字书写规范是会计的基础工作标准，直接关系到会计数据资料的准确性、及时性和完整性，以及会计工作质量的优劣和会计管理水平的高低。

（一）会计文字书写规范

会计人员在填制会计凭证时要写明经济业务内容，接受凭证单位名称，商品类别，计量单位，会计科目（总账科目和明细科目）及金额大写等；填制会计凭证、登记会计账簿时，要用汉字书写“摘要”栏（摘要用于记录经济业务的简要内容，填写时应使用简明扼要的文字反映经济业务的内容概况）和据以登账的凭证种类，如“收字”“付字”“转字”“现收”“现付”“银收”“银付”“转”等；编制财务报表时，撰写财务报告说明、财务分析报告及其他应用文字等，都需要汉字。因此，文字书写在财务会计书写中具有重要作用。

会计工作对书写的基本要求是：准确及时，简明扼要，字体规范，字迹清晰，排列整洁。

（1）准确及时。准确及时是指对经济业务发生过程中的数字和文字进行及时、准确、完整的记载。它是会计书写最基本的规范要求。

（2）简明扼要。用文字将所发生的经济业务简明扼要地叙述清楚，文字不能超过各书写栏。书写会计科目时，要按照会计制度的有关规定写出全称，不能简化、缩写，子目、明细科目要准确、规范。

（3）字体规范。书写文字时，可用正楷或行书，但不能用草书，要掌握每个字的重心，字体规范，文字大小应一致，书写的汉字占格的 1/2 为宜，汉字间适当留出间距，做到书写流畅、字迹美观。

（4）字迹清晰。字迹清晰指书写字迹清楚，容易辨认，账目条理清楚，一目了然。

（5）排列整洁。排列整洁指无论凭证、账簿还是报表，必须干净、清洁、整齐分明，无参差不齐及涂改现象。

（二）会计数字书写规范

1. 阿拉伯数字的书写规范

阿拉伯数字应当一个一个地写，不得连笔写。

（1）书写顺序：阿拉伯数字书写顺序是从左到右，从高位到低位。

（2）书写角度：阿拉伯数字在书写时应有一定的斜度。倾斜角度的大小应以笔顺书写方便，好看易认为准。不宜过大或过小，一般在60°左右，即数字的中心斜线与底线呈60°的夹角。

（3）书写高度：阿拉伯数字书写应紧靠横格底线，其上方留出全格的1/2，即数字沿底线占全格的1/2。另“6”的上端比其他数字高出1/4，“7”和“9”的下端比其他数字伸出1/4（如图2-1所示）。

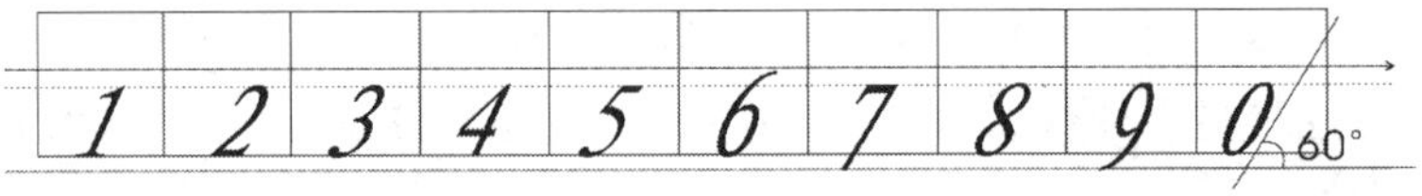

图2-1　会计阿拉伯数字书写规范

（4）书写间距：每个数字要大小一致，每一格只能写一个数字，数字的排列要整齐，数字之间的空隙应均匀。

（5）书写习惯：采用规范的手写体书写，并要保持个人的独特字体，以防模仿。

（6）书写笔画：除“4”“5”以外，数字须一笔完成，不可人为增加笔画。

（7）按“三位一节”分位点“,”或加1/4空格分开，如¥125,000.00或¥125 000.00。

（8）小写金额前填写人民币符号“¥”以后，数字后面可以不写“元”字。

（9）阿拉伯数字书写错误的更正方法：阿拉伯数字书写错误一般采用划线更正法。如写错一个数字或位置登错，一律用红线全部划掉，在原数字格的上半部分或正确位置写上正确数字（见表2-1）。

表2-1　会计阿拉伯数字书写错误的更正方法

	金额	千	百	十	万	千	百	十	元	角	分
正确的更正方法	15355500.45	1	5	3	5	5	5	0	0	4	5
	~~¥15355500.54~~	~~1~~	~~5~~	~~3~~	~~5~~	~~5~~	~~5~~	~~0~~	~~0~~	~~5~~	~~4~~
错误的更正方法	金额	千	百	十	万	千	百	十	元	角	分
	45									4	5
	¥15355500.~~54~~	1	5	3	5	5	5	0	0	~~5~~	~~4~~

2. 汉字大写数字的书写规范

汉字大写数字用于填写需要防止涂改的销货发票（增值税发票）、银行结算凭证、收据等重要原始凭证，在书写时不能写错，如汉字大写数字出错，则本张凭证作废，需重新填制。汉字大写数字的书写要求见表2-2。

表2-2　汉字大写数字的书写要求

小写金额	大写金额		
	错误写法	错误原因	正确写法
￥5000.00	人民币：伍仟元整	“人民币”后多一个冒号	人民币伍仟元整
￥1160.00	人民币壹仟壹佰陆拾元	漏一个“整”字	人民币壹仟壹佰陆拾元整
￥1660.50	人民币壹仟陆佰陆拾元伍角整	漏一个“零”字	人民币壹仟陆佰陆拾元零伍角整
￥6061.00	人民币陆仟陆拾壹元整	漏一个“零”字	人民币陆仟零陆拾壹元整
￥110000.00	人民币拾壹万元整	“拾壹万”应写为“壹拾壹万”	人民币壹拾壹万元整

（1）大写金额前要加“人民币”字样，“人民币”与首位数字之间不留空位，写数与读数顺序要一致。

（2）人民币以元为单位。大写金额数字到元或角为止的，在“元”或“角”字之后应当写“整”字或“正”字，大写金额数字有分的，分字后不写“整”字或“正”字。

（3）“零”字的写法。阿拉伯数字金额中间有“0”时，汉字大写数字金额要写“零”字；阿拉伯数字金额中间连续有几个“0”时，汉字大写数字金额中可以只写一个“零”字。

（4）汉字大写数字金额写错或漏记，不能涂改或更正，必须重新填写凭证。

（5）表示数字为拾几或拾几万时，大写数字前必须有数字“壹”字，如15元应写成人民币壹拾伍元整。

（6）银行票据（支票、汇票等）的出票日期必须使用中文大写。

二、原始凭证填制的具体要求及示例

（一）原始凭证填制的具体要求

1. 原始凭证填制的基本要求

（1）真实可靠。如实填列经济业务内容，不得弄虚作假，不得涂改、挖补。

（2）内容完整。应该填写的项目要逐项填写，不可缺漏，尤其需要注意的是，年、月、日要按照填制原始凭证的实际日期填写；名称要写全，不能简化；品名或用途要填写明确，不得含糊不清；有关人员的签章必须齐全。

（3）填制及时。每一项经济业务发生或完成，都要立即填制原始凭证。

（4）书写清楚。字迹工整、易于辨认，做到数字书写符合会计上的技术要求。

（5）顺序使用。收付款项或者实物的凭证要顺序或分类编号，在填制时按照编号的次序使用，跳号的凭证应加盖“作废”戳记，不得撕毁。

2. 原始凭证填制的附加要求

（1）从外单位取得的原始凭证，必须盖有填制单位的公章；从个人取得的原始凭证，必须有填制人员的签名或者盖章。自制原始凭证必须有经办部门负责人或其指定的人员的签名或者盖章。对外开出的原始凭证，必须加盖本单位公章。公章是指具有法律效力和规定用途，能够证明单位身份和性质的印鉴，包括业务公章、财务专用章、发票专用章、结算专用章等。不同的行业、单位对票据上的单位公章有不同的要求。

（2）凡填有大写金额和小写金额的原始凭证，大写金额与小写金额必须相符。

（3）购买实物的原始凭证，必须有验收证明。

（4）一式几联的原始凭证，必须注明各联的用途，并且只能将其中一联用作报销凭证；一式几联的发票和收据，必须用双面复写纸套写，或本身具备复写功能，并连续编号，作废时应加盖“作废”戳记，连同存根一起保存。

（5）发生销货退回及退还货款时，必须填制退货发票，附有退货验收证明和对方单位的收款收据，不得以退货发票代替收据。

（6）员工公出借款的收据，必须附在记账凭证之后。

（7）发现原始凭证有错误的，应当由开出单位重开或者更正。在更正处加盖开出单位的公章。

（二）原始凭证填制示例

1. 企业收支业务的结算方式

企业在银行取款有以下几种常见方式：

（1）现金支票取款。企业需签发现金支票，填写日期、收款单位名称、大小写金额、用途等信息，并加盖财务专用章和法人章，然后持现金支票到开户银行柜台办理取现业务。银行会对支票进行审核，核对密码及预留印鉴等，审核无误后支付现金。

（2）银行柜台取款。企业负责人或授权人携带相关身份证件、存折等，前往开户银行柜台办理取款手续。

（3）ATM机取款。如果企业的对公账户与企业借记卡或单位结算卡关联，可在ATM机上取款，操作时需输入密码并选择取款金额。

（4）网上银行转账取款。企业通过网上银行，将对公账户内的资金转账至企业的其他账户或个人账户，再通过相应账户进行提现。

企业转账主要有以下几种形式：

（1）银行转账。

1）网上银行转账。企业登录网上银行，按系统提示输入收款方信息、转账金额等完成操作，具有便捷、高效、可实时到账等优点，不过要注意网络安全，防止账户信息泄露。

2）柜台转账。企业财务人员携带相关证件、转账凭证及印鉴到银行柜台，填写汇款单并加盖财务专用章和法人章等办理转账业务，适合对操作不熟悉或转账金额大且需人工审核的情况，安全性高，但需到银行排队，耗时费力。

3）手机银行转账。与网上银行类似，通过手机银行应用程序操作，更加灵活，可随时随地进行，但要注意手机安全防护，防止因手机丢失或被盗导致信息泄露等。

（2）第三方支付平台转账。企业可通过支付宝、微信支付等第三方支付平台进行转账，操作简单，小额转账方便快捷，适用于一些小型交易或费用支付等场景，但需注意平台的手续费和限额规定，且部分平台对对公转账有一定限制和要求，同时也需防范支付安全风险。

（3）其他转账方式。

1）支票转账。企业可开具转账支票给收款方，收款方凭支票到银行办理转账手续，不过到账时间相对较长，且支票的填写和使用需遵循严格的规范，一旦出现错误可能导致转账失败。

2）汇款转账。常用于异地转账，企业需到银行填写电汇凭证，银行通过电报、电传等方式将款项划转给收款方，速度相对较快，但手续费可能较高，且同样需要准确填写相关信息。

3）银行承兑汇票或商业承兑汇票。企业可将汇票转让给收款方，收款方在汇票到期时到银行兑现，这种方式在一些商业交易中较为常见，尤其适用于有一定账期的货款结算等，但汇票的流转和兑现过程相对复杂，需注意票据的真实性和有效性。

2. 与收支有关的原始凭证填制示例

（1）支票和进账单的填制。支票是银行的存款人签发给收款人办理结算或委托开户银行将款项支付给收款人的票据。采用支票结算方式的，对于收到的支票，应在收到支票的当日填制进账单，连同支票送交银行，根据银行盖章退回的进账单第一联和有关原始凭证编制收款凭证；对于付出的支票，应根据支票存根和有关原始凭证及时编制付款凭证。

支票包括现金支票（见图 2-2）和转账支票（见图 2-3）。现金支票只能用于支取现金，转账支票只能用于转账。

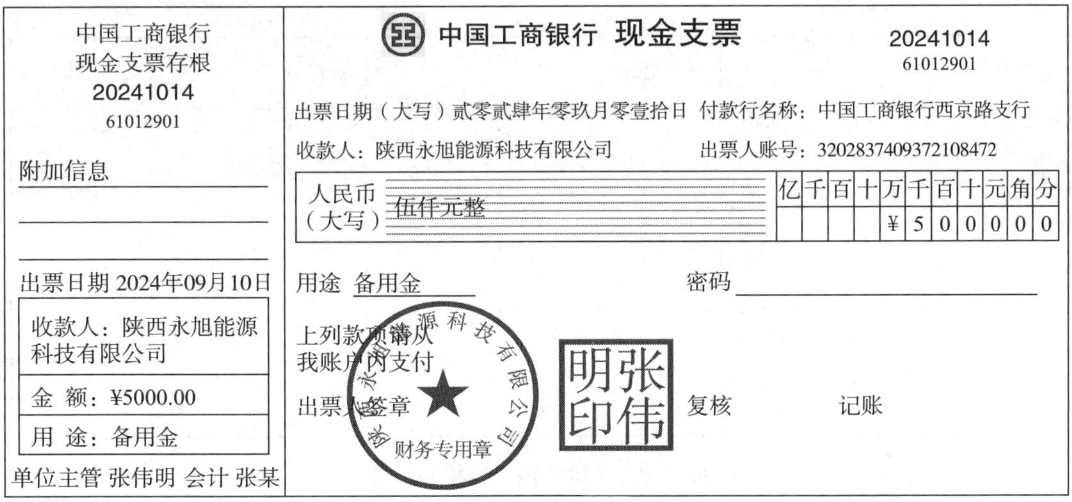
中国工商银行
现金支票存根
20241014
61012901
附加信息
出票日期 2024年09月10日
收款人：陕西永旭能源科技有限公司
金　额：¥5000.00
用　途：备用金
单位主管 张伟明 会计 张某

中国工商银行　现金支票　20241014 61012901
出票日期（大写）贰零贰肆年零玖月零壹拾日　付款行名称：中国工商银行西京路支行
收款人：陕西永旭能源科技有限公司　出票人账号：3202837409372108472
人民币（大写）伍仟元整

亿	千	百	十	万	千	百	十	元	角	分
				¥	5	0	0	0	0	0

用途 备用金　密码
上列款项请从
我账户内支付
出票人签章　复核　记账

图 2-2　中国工商银行现金支票

（背面）

附加信息	
	陕西永旭能源科技有限公司 财务专用章　张伟明印 签章
证件名称：身份证　　发证机关：西安市公安局高新区	
号码 6 1 0 × × 1 9 × 2 3 2 6 0 5 0 2 2 2	2024年9月10日

图 2－2　中国工商银行现金支票（续）

中国工商银行 转账支票存根 20242012 61015901	中国工商银行 转账支票　20242012 61015901
附加信息	出票日期（大写）贰零贰肆年零玖月壹拾壹日 付款行名称：中国工商银行西京路支行
	收款人：陕西兴远硅片技术有限公司　出票人账号：3202837409372108472
出票日期 2024年09月11日	人民币（大写）肆万贰仟零伍拾元整
收款人：陕西兴远硅片技术有限公司	亿 千 百 十 万 千 百 十 元 角 分：¥ 4 2 0 5 0 0 0
金 额：¥42050.00	用途 购料款　　密码
用 途：购料款	上列款项请从我账户内支付 出票人签章　陕西永旭能源科技有限公司 财务专用章　张伟明印　复核　记账
单位主管 张伟明 会计 张某	

（背面）

被背书人	被背书人	被背书人
背书人签章 年 月 日	背书人签章 年 月 日	背书人签章 年 月 日

图 2－3　中国工商银行转账支票

支票结算仅限于同城或指定票据交换地区内使用。签发现金支票必须符合国家现金管理的规定。禁止签发空头支票，不得签发与其预留银行签章不符的支票，使用支付密码的，不得签发支付密码错误的支票，否则银行将予以退票，并处以相应罚款、赔偿金，甚至停止企业签发支票权限。

1）现金支票的填制。支票上印有“现金”字样的为现金支票，现金支票只能用于支取现金，不能用于转账，不得背书转让。现金支票由出纳签发，并加盖预留银行印鉴，注明收款人后将支票正联交收款人，收款人持现金支票到付款单位开户银行提取现金，并按银行的要求出具有关证明。

支票由出纳签发，签发现金支票必须记载下列事项：

①签发日期。应填写实际出票日期，支票正联出票日期必须使用汉字大写，支票存根部分出票日期可用阿拉伯数字书写。在支票正联用汉字大写填写出票日期时，为防止变造支票的出票日期，在填写月、日时应注意：月为壹、贰和壹拾的，日为壹至玖以及壹拾、贰拾和叁拾的，应在其前加“零”；日为拾壹至拾玖的，应在其前加“壹”。如 1 月 15 日，应写成零壹月壹拾伍日；再如 10 月 20 日，应写成零壹拾月零贰拾日。银行票据出票日期大写书写要求见表 2－3。

表 2－3　银行票据出票日期大写书写要求

具体情况	填写要求	出票日期大写举例
月为壹至玖和壹拾	应在其前加“零”字	贰零贰肆年零柒月壹拾壹日
月为拾壹月、拾贰月	应在其前加“壹”字	贰零贰肆年壹拾贰月壹拾壹日
日为壹至玖和壹拾、贰拾、叁拾	应在其前加“零”字	贰零贰肆年零柒月零叁拾日
日为拾壹至拾玖	应在其前加“壹”字	贰零贰肆年壹拾壹月壹拾玖日

②收款单位名称。应填写全称并与预留银行印鉴中单位名称保持一致。

③确定的金额。大写金额应紧接“人民币”书写，不得留有空白，以防加填；阿拉伯小写金额数字前面，均应填写人民币符号“¥”。阿拉伯小写金额数字要认真填写，不得连写，大小写金额要对应，要按规定书写。

④用途应如实填写，存根联与支票正联填写的用途应一致。

⑤在签发人签章处按预留银行印鉴分别签章，签章不能缺漏。

签发支票应注意以下事项：

①签发支票要用碳素墨水或墨汁填写，要求内容齐全、大小相符、不准涂改、更改。

②签发支票的金额不得超过付款时在付款人处实有的存款额。禁止签发空头支票。

③出票人不得签发与其预留银行印鉴不符的支票。使用支付密码的，出票人不得签发支付密码错误的支票。

④出票人签发支票，必须按照签发的支票金额承担向持票人付款的责任。

⑤支票的金额、收款人名称。可以由出票人授权补记。未补记前不得背书转让，或向银行提示付款。支票上未记载付款地的，以付款人的营业场所为付款地。支票上未记载出票地的，以出票人的营业场所、住所或者经常居住地为出票地。

⑥签发现金支票和用于支取现金的普通支票，必须符合国家现金管理的规定。

另外，在支票背面还可以写明需要支取各种面额现金的数量。支票金额起点为 100 元，支票的付款期限为 10 天，从签发次日算起，到期日遇节假日顺延。

2）转账支票的填制。支票上印有“转账”字样的为转账支票，转账支票只能用于转账。转账支票分正联和存根联两部分，转账支票签发后，将存根联与正联从骑缝线剪开，正联交给收款人办理转账，存根联留下作为记账依据。转账支票的填写要求同现金支票。

采用转账支票方式，可由支票签发人填写进账单（一式三联），连同支票正联送交开户行，或由收款单位在收到支票的当日填制进账单连同支票送存开户行，根据银行盖章退回的进账单第一联和有关的原始凭证编制收款凭证，或根据银行转来签发人送交银行的支票后，经银行审查盖章的进账单第一联和有关的原始凭证编制收款凭证；付款单位对于付出的支票，应根据支票存根、进账单回单和有关原始凭证及时编制付款凭证。

3）进账单的填制。当企业持转账支票、银行本票和银行汇票等到银行办理转账时，须填制进账单。

进账单一般一式三联：第一联为回单，是出票人开户银行交给出票人的回单；第二联为贷方凭证，由收款人开户银行作贷方凭证；第三联为收账通知，是收款人开户银行交给收款人的收账通知。

进账单中须填写下列项目：

①收款人或付款人全称为企业在银行开户名称；

②账号为开户银行账号；

③开户银行一般为开户银行全称；

④大写金额应紧接着“人民币”书写；

⑤小写金额要与大写金额相对应；

⑥票据种类一般为转账支票、银行本票和银行汇票等；

⑦票据张数为送存银行的票据张数。

进账单如图2－4所示。

ICBC 中国工商银行　进账单（收账通知）　3

2024年09月01日　№.20248001

<table>
<tr><td rowspan="3">收款人</td><td>全　称</td><td colspan="2">陕西永旭能源科技有限公司</td><td rowspan="3">付款人</td><td>全　称</td><td colspan="11">陕西恒运投资有限公司</td></tr>
<tr><td>账　号</td><td colspan="2">3202837409372108472</td><td>账　号</td><td colspan="11">3482938729530818428</td></tr>
<tr><td>开户银行</td><td colspan="2">中国工商银行西京路支行</td><td>开户银行</td><td colspan="11">中国工商银行皇城西路分行</td></tr>
<tr><td rowspan="2">金额</td><td rowspan="2">人民币
（大写）</td><td colspan="4" rowspan="2">壹仟万元整</td><td>亿</td><td>千</td><td>百</td><td>十</td><td>万</td><td>千</td><td>百</td><td>十</td><td>元</td><td>角</td><td>分</td></tr>
<tr><td>¥</td><td>1</td><td>0</td><td>0</td><td>0</td><td>0</td><td>0</td><td>0</td><td>0</td><td>0</td><td>0</td></tr>
<tr><td colspan="2">票据种类</td><td>转账支票</td><td>票据张数</td><td>1</td><td colspan="12" rowspan="3">中国工商银行西京路支行
2024.09.01
转
讫
收款人开户银行签章</td></tr>
<tr><td colspan="2">票据号码</td><td colspan="3"></td></tr>
<tr><td colspan="5">复核：　　　　记账：</td></tr>
</table>

图2－4　中国工商银行进账单

（2）银行电子转账收款凭证和付款凭证如图2－5、图2－6所示。

中国工商银行　网上银行电子回单

电子回单号码：3820–3120–9111–9731

付款人	名　称	陕西华尔科技术有限公司	收款人	名　称	陕西永旭能源科技有限公司
	账　号	3100783090567078091		账　号	3202837409372108472
	开户银行	中国工商银行莲湖支行		开户银行	中国工商银行西京路支行
金额		¥53400.00	金额大写		伍万叁仟肆佰元整
摘要		购买办公电脑	业务（产品）种类		
用途		购买办公电脑			
交易流水号		29731777	时间戳		2024–10–11　14:12:12
中国工商银行西京路支行 电子回单	备注：				
	验证码：				
记账网点	60188	记账柜员	3609	记账日期	2024年10月11日

打印日期：2024年10月11日

图 2–5　银行电子转账收款凭证

中国工商银行　网上银行电子回单

电子回单号码：3820–3820–9611–2973

付款人	名　称	陕西永旭能源科技有限公司	收款人	名　称	陕西腾飞数码科技有限公司
	账　号	3202837409372108472		账　号	2725778739742726512
	开户银行	中国工商银行西京路支行		开户银行	中国工商银行阿房宫分行
金额		¥203400.00	金额大写		贰拾万叁仟肆佰元整
摘要		购买办公电脑	业务（产品）种类		
用途		购买办公电脑			
交易流水号		29731802	时间戳		2024–10–09　10:14:50
中国工商银行西京路支行 电子回单	备注：				
	验证码：				
记账网点	60134	记账柜员	3611	记账日期	2024年10月09日

打印日期：2024年10月09日

图 2–6　银行电子转账付款凭证

（3）银行汇票申请书的填制。银行汇票申请书是单位或个人因结算需要，向银行提交的使用银行汇票的申请书，一般一式三联，第一联为申请人回单，第二联为银行借方凭证，第三联为贷方凭证，其办理流程如下。

1）填写申请书。申请人需填写银行汇票申请书，内容包括申请日期，申请人名称、账号、开户银行，收款人名称、账号、开户银行，用途，大小写金额等信息，并加盖预留银行的签章。申请人将填写好的银行汇票申请书及相关证件（如企业需提供营业执照副本、法人身份证等，个人需提供有效身份证件等，具体要求因银行而异）提交给开户银行。

2）银行审核。银行收到申请书后，会对申请人的资格、账户余额、申请书填写的准确性以及预留印鉴等进行审核。

3）收妥款项。如果申请人是转账支付，银行会从其账户中扣除相应的汇票金额及手续费等；如果申请人是缴存现金办理汇票，银行会收妥现金。

4）签发汇票。银行审核通过并收妥款项后，会按照申请书的内容签发银行汇票，并使用压数机压印出票金额，同时将银行汇票和解讫通知一并交给申请人。

5）交付汇票。申请人收到银行汇票，仔细核对无误后，将银行汇票交付给收款人。

6）收款人兑付。收款人在收到银行汇票后，应在提示付款期限（自出票日起1个月）内持银行汇票和解讫通知到开户银行办理兑付手续，银行在审核无误后，会按照实际结算金额将款项支付给收款人。

银行汇票申请书示例如图2-7所示。

中国工商银行 INDUSTRIAL AND COMMERCIAL BANK OF CHINA　　汇票申请书（存根）　　1

申请日期（大写）贰零贰肆年零玖月壹拾肆日　　第00241号

申请人	陕西永旭能源科技有限公司	收款人	北京稀有新材料有限公司
账　号 或地址	3202837409372108472 陕西省西安市高新区科技五路39号	账　号 或地址	3176103738399818081 北京市朝阳区朝阳路东八里庄106号
用　途	材料款	代　理 付款行	中国工商银行西京路支行
汇款金额	人民币（大写）壹拾肆万元整	千百十万千百十元角分	¥140000000

第三联　回单联

陕西永旭能源科技有限公司 财务专用章　张伟明印

备注　　科　目

对方科目

财务主管　　复核　　经办

图2-7　中国工商银行汇票申请书

使用银行汇票时应注意：银行汇票金额起点为500元，银行汇票的付款期为1个月，逾期的票据，兑付银行不予受理。

收款人可以将银行汇票背书转让给被背书人，但以不超过出票金额的实际结算金额为准。未填写实际结算金额或实际结算金额超过出票金额的银行汇票不得背书转让。

（4）商业汇票的填制。商业汇票是由出票人签发的，委托付款人在指定日期无条件支付确定的金额给收款人或者持票人的票据。商业汇票分为商业承兑汇票和银行承兑汇票。商业承兑汇票由银行以外的付款人承兑，银行承兑汇票由银行承兑。商业汇票通常用于企业之间的贸易往来，可以作为一种支付工具和融资手段。商业汇票具有一定的期限，持票人可以在到期日向付款人提示付款。在流通环节，商业汇票可以背书转让，增加其流动性。

商业汇票和银行汇票主要有以下区别：

1）出票人不同：商业汇票的出票人是企业；银行汇票的出票人是银行。

2）承兑人不同：商业汇票的承兑人是企业或银行；银行汇票无须承兑。

3）信用基础不同：商业汇票基于商业信用；银行汇票基于银行信用。

4）流通性不同：商业汇票在一定条件下可以背书转让；银行汇票可以随时背书转让。

5）付款期限不同：商业汇票的付款期限相对较长，一般不超过 6 个月；银行汇票的付款期限为 1 个月。

商业承兑汇票和银行承兑汇票分别如图 2－8、图 2－9 所示。

中国工商银行　商业承兑汇票　　2

出票日期（大写）贰零贰肆年零柒月零贰拾日　　第1011177号

出票人	全　称	陕西永旭能源科技有限公司		收款人	全　称	上海光伏科贸有限公司											此联由申请人留存
	账　号	3202837409372108472			账　号	32560580002340012											
	开户银行	中国工商银行西京路支行			开户银行	中国工商银行山西路支行											
汇票金额		人民币（大写）陆万贰仟元整					千	百	十	万	千	百	十	元	角	分	
									¥	6	2	0	0	0	0	0	
汇票到期日（大写）			贰零贰肆年零捌月零贰拾日			承兑协议编号						20221					
本汇票请你行承兑，到期无条件付款。 陕西永旭能源科技有限公司 财务专用章　张伟明印 出票人签章 2024年07月20日			本汇票已经承兑，到期日由本行付款。 签章 备注：			记账 复核											

图 2－8　中国工商银行商业承兑汇票

收款单位将未到期的商业汇票向银行申请贴现时，应按照规定填制贴现凭证，连同汇票一并送交银行，根据银行的收账通知编制收款凭证。

应注意，在银行开立存款账户的法人以及其他组织之间必须具有真实的交易关系或债权债务关系，才能使用商业汇票。商业汇票的付款期限最长不得超过 9 个月。

（5）汇兑票据的填制。汇兑是汇款人委托银行将其款项支付给异地收款人的结算方式。单位或个人的各种款项的结算均可使用汇兑结算方式。汇兑分为电汇和信汇两种

中国工商银行 银行承兑汇票　　2

出票日期（大写）贰零贰肆年零玖月零贰拾日　　第1021132号

出票人	全　称	陕西永旭能源科技有限公司	收款人	全　称	陕西北仑空调有限公司
	账　号	3202837409372108472		账　号	290000100801006
	开户银行	中国工商银行西京路支行		开户银行	交通银行东郊支行

汇票金额	人民币（大写）陆万贰仟元整	百	十	万	千	百	十	元	角	分
			¥	6	2	0	0	0	0	0

汇票到期日（大写）	贰零贰肆年零壹拾月零贰拾日	承兑协议编号	32321
本汇票请你行承兑，到期无条件付款。 陕西永旭能源科技有限公司 财务专用章　张明伟印 出票人签章 2024年09月20日	本汇票已经承兑，到期日由本行付款。 签章 备注：	记账 复核	

此联由申请人留存

图2-9　中国工商银行银行承兑汇票

（见图2-10和图2-11），由汇款人根据需要选择使用。汇兑结算方式适用于异地之间的各种款项结算，具有划拨款项简单、灵活的特点。企业汇兑票据可以用于支付货款、结算费用等，个人汇兑票据可以用于异地汇款、支付学费等。

中国建设银行　电汇　凭证（回单）　　1

委托日期：2024年10月11日　　第1110233号

汇款人	全　称	陕西永旭能源科技有限公司			收款人	全　称	北京稀有新材料有限公司	
	账　号或地址	6100501839673028936２ 陕西省西安市高新区科技五路39号				账　号或地址	3176103738399818081 北京市朝阳区京江路21号	
	汇　出地　点	陕西西安	汇出行名　称	中国建设银行汉唐路支行		汇　入地　点	北京	汇入行名　称：中国工商银行京江分行

金　额	人民（大写）肆万伍仟壹佰元整币	千	百	十	万	千	百	十	元	角	分
				¥	4	5	1	0	0	0	0

汇款用途	货款	汇出行盖章 中国建设银行汉唐路支行 2024.10.11 转讫 2024年10月11日
上列款项已根据委托办理，如需查询，请持此回单来行面谈。 单位主管　会计　复核　记账		

此联是汇出银行给汇款人的回单

图2-10　建设银行电汇凭证

采用汇兑结算方式，汇款单位应先填写汇款委托书，信汇一式四联，电汇一式三联。填明收款单位名称或个人姓名、汇款金额及用途等项目，委托银行办理汇款手续。

汇款单位开户银行受理后将回单联退回汇款单位，并将款项划转收汇银行，收汇银

中国建设银行 信汇 凭证（回单）　　1

委托日期：2024年10月15日　　　　第1220413号

<table>
<tr><td rowspan="3">汇款人</td><td>全　称</td><td colspan="3">陕西永旭能源科技有限公司</td><td rowspan="3">收款人</td><td>全　称</td><td colspan="3">山西第三钢厂</td><td rowspan="5">此联是汇出银行给汇款人的回单</td></tr>
<tr><td>账　号
或地址</td><td colspan="3">61005018396730289362
陕西省西安市高新区科技五路39号</td><td>账　号
或地址</td><td colspan="3">35899960040704321230
山西省太原市东区东台路21号</td></tr>
<tr><td>汇　出
地　点</td><td>陕西西安</td><td>汇出行
名　称</td><td>中国建设银行
汉唐路支行</td><td>汇　入
地　点</td><td>山西
太原</td><td>汇入行
名　称</td><td>中国工商银行
东台路支行</td></tr>
<tr><td colspan="2">金　额</td><td colspan="6">人民币（大写）肆万肆仟柒佰肆拾元整</td><td colspan="2">千 百 十 万 千 百 十 元 角 分
　 　 ¥ 4 4 7 4 0 0 0</td></tr>
<tr><td colspan="2">汇款用途</td><td colspan="6">货款</td><td colspan="2">汇出行盖章 中国建设银行汉唐路支行 2024.10.15 讫
2024年10月15日</td></tr>
</table>

图 2－11　中国建设银行信汇凭证

行将汇款收进收款单位或个人存款账户后，将汇款委托书收款通知联转交收款单位或个人办理收款手续。

（6）委托收款票据的填制。委托收款是收款人委托银行向付款人收取款项的结算方式。委托收款在同城、异地均可以办理，不受金额起点限制。

单位或个人凭已承兑商业汇票、债务、存单等付款人债务证明办理款项的结算，均可以使用委托收款结算方式。在同城范围内，收款人收取公用事业费（电费、水费等）或根据国务院的规定，可以使用同城特约委托收款。委托收款结算款项的划回方式，分邮划和电划两种，由收款人自行选用。

企业办理委托收款手续时，应填制一式五联的委托收款凭证：第一联为回单，由收款人开户银行审查无误后加盖印章退给收款人；第二联为贷方凭证，由收款人开户银行作为贷方凭证；第三联为借方凭证，由付款人开户银行作为借方凭证；第四联为收款通知，由收款人开户银行在款项收妥后转给收款人；第五联为付款通知，由付款人开户银行转给付款人作按期付款的通知。全部联次用双面复写纸一次性套写完成。

签发委托收款凭证必须记载下列事项：1）表明“委托收款”字样；2）确定的金额；3）付款人名称；4）收款人名称；5）委托收款凭据名称及附寄单证张数；6）委托日期；7）收款人签章。未记载上述事项之一的，银行不予受理。

委托收款凭证如图 2－12 所示。

特约委托收款凭证如图 2－13 所示。

采用委托收款结算方式，收款单位应在收到银行的收账通知时，根据收账通知编制收款凭证；付款单位在收到银行转来的委托收款凭证后，根据委托收款凭证的付款通知联和有关的原始凭证，编制付款凭证。

中国工商银行 INDUSTRIAL AND COMMERCIAL BANK OF CHINA

中国工商银行　托收凭证　（受理回单）　3

委托日期：2024年10月20日　　第1130241号

业务类型	委托收款（□邮划、□电划）		托收承付（□邮划、□电划）		
付款人	全　称	陕西永旭能源科技有限公司	收款人	全　称	武汉光伏科贸公司
	账　号	3202837409372108472		账　号	580002340012011
	开户银行	中国工商银行西京路支行		开户银行	中国工商银行汉口支行
金额	人民币（大写）	柒万伍仟元整	千百十万千百十元角分		¥7500000
款项内容	材料款	托收凭单名称	运单回执	附寄单据张数	5
商品发运情况	已发运		合同名称号码		2012105
备注： 复核：　记账：	款项收委日期 2024年10月20日		收款人开户银行签章 2024年10月20日		

中国工商银行汉口支行
营业部
收
讫

此联是汇出银行给汇款人的回单

图2-12　中国工商银行委托收款凭证

中国工商银行　委托收款凭证　（付款通知）　委托号码 14007580

委托日期：2024年09月23日　　承付到期日：2024年10月23日

付款人	全　称	陕西永旭能源科技有限公司	收款人	全　称	西安山姆机加有限公司
	账　号	3202837409372108472		账　号	2020400000045612214
	开户银行	中国工商银行西京路支行		开户银行	中国工商银行高新支行城南分理处
托收金额	人民币（大写）陆仟叁佰伍拾叁元捌角整		千百十万千百十元角分		¥635380
托收项目	货款	托收凭证名称	商业承兑	附寄单据张数	3
商品发送情况	已发送		合同名称号码		42355
备注： 收款人开户银行收到日期： 2024年10月23日	（收款人开户银行盖章） 2024年10月23日				

中国工商银行高新支行
城南分理处
2024.10.23
收
讫

此联开户银行给付款人的付款通知

图2-13　中国工商银行特约委托收款凭证

如拒绝付款，属于全部拒付的，不进行账务处理；属于部分拒付的，企业应在付款期内出具拒付理由书并连同有关单据送交开户银行，根据银行盖章退回的拒付理由书第一联编制部分付款的凭证。

（7）托收承付凭证的填制。托收承付是指根据购销合同，由收款人发货后托收银行向异地付款人收取款项，由付款单位向银行承认付款的结算方式。

办理托收承付的款项，必须是商品交易以及因商品交易而产生的劳务供应的款项。代销、零售、赊销商品的款项不得办理托收承付结算。托收承付结算的金额起点为1万元。

收款单位按照签订的购货合同发货后，委托银行办理托收，付款单位应在承付期内审查核对，安排资金。承付货款分为验单付款和验货付款两种，验单付款承付期为3天，验货付款承付期为10天。

采用托收承付结算方式，收款单位对于托收的款项，根据银行的收账通知和有关的原始凭证，编制收款凭证；付款单位对于承付的款项，应于承付时根据托收承付结算凭证的承付支款通知和有关发票账单等原始凭证，编制付款凭证。

企业办理托收承付手续时，应填制一式五联的托收承付凭证：第一联为回单，由收款人开户银行审查无误后加盖印章退给收款人；第二联为贷方凭证，由收款人开户银行作为贷方凭证；第三联为借方凭证，由付款人开户银行作为借方凭证；第四联为收款通知，由收款人开户银行在款项收妥后转给收款人；第五联为付款通知，由付款人开户银行转给付款人作按期付款的通知。

签发托收承付凭证必须记载下列事项：1）表明“托收承付”字样；2）确定的金额；3）付款人名称及账号；4）收款人名称及账号；5）付款人开户银行名称；6）收款人开户银行名称；7）托收附寄单证张数或册数；8）合同名称号码；9）委托日期；10）收款人签章。托收承付凭证上未记载上述事项之一的，银行不予受理。

托收承付凭证如图2-14所示。

中国工商银行　托收承付凭证（回单）　　托收号码：1756

<table>
<tr><td colspan="5">委托日期：2024年10月06日</td><td colspan="9">承付到期日2024年10月26日</td></tr>
<tr><td rowspan="3">付款人</td><td>全　称</td><td colspan="2">陕西宏达新能源科技公司</td><td rowspan="3">收款人</td><td>全　称</td><td colspan="8">陕西永旭能源科技有限公司</td></tr>
<tr><td>账　号</td><td colspan="2">3463828729942018432</td><td>账　号</td><td colspan="8">3202837409372108472</td></tr>
<tr><td>开户银行</td><td colspan="2">中国工商银行莲湖支行</td><td>开户银行</td><td colspan="8">中国工商银行西京路支行</td></tr>
<tr><td rowspan="2">托收金额</td><td rowspan="2">人民币（大写）</td><td colspan="4" rowspan="2">贰拾陆万零玖佰伍拾元整</td><td>百</td><td>十</td><td>万</td><td>千</td><td>百</td><td>十</td><td>元</td><td>角</td><td>分</td></tr>
<tr><td>¥</td><td>2</td><td>6</td><td>0</td><td>9</td><td>5</td><td>0</td><td>0</td><td>0</td></tr>
<tr><td>款项内容</td><td>托收货款</td><td>托收凭据名称</td><td></td><td colspan="6">附寄单证张数或册数</td><td colspan="5">4</td></tr>
<tr><td colspan="2">商品发运情况</td><td colspan="2">已发运</td><td>合同名称号码</td><td colspan="9">202420050</td></tr>
<tr><td colspan="3">备注：
收款人开户银行收到日期：
2024年10月26日</td><td colspan="2">（收款人开户银行盖章）
2024年10月26日</td><td colspan="9"></td></tr>
</table>

中国工商银行西京路支行 2024.10.26 转讫

此联由收款人留存

图2-14　中国工商银行托收承付凭证

（8）银行本票的填制。银行本票是银行签发的，承诺自己在见票时无条件支付确定金额给收款人或者持票人的票据。单位和个人在同一票据交换区域需要支付各种不同款项，均可以使用银行本票。

银行本票可以用于转账，注明“现金”字样的银行本票可以用于支取现金。银行本票分为不定额和定额两种。定额银行本票面额为 1 000 元、5 000 元、1 万元和 5 万元。银行本票付款期限最长不得超过 2 个月，可以背书转让。

银行本票委托书如图 2－15 所示。

中国工商银行 INDUSTRIAL AND COMMERCIAL BANK OF CHINA　　本票委托书（存根）　　1

申请日期（大写）贰零贰肆年零玖月壹拾陆日　　第20011号

申请人	陕西永旭能源科技有限公司			收款人	山东泰新公司
账　号 或地址	3202837409372108472			账　号 或地址	3039413270100227212
兑付地点	山东济南	兑付行	中国农业银行 大丰支行	款项用途	材料款
汇款 金额	人民币 （大写）	叁拾玖万陆仟元整			千 百 十 万 千 百 十 元 角 分 ¥ 3 9 6 0 0 0 0 0

此联由申请人留存

备注　（印章：陕西永旭能源科技有限公司 财务专用章；张明伟印）

科　目

对方科目

财务主管　　复核　　经办

图 2－15　中国工商银行本票委托书

银行本票如图 2－16 所示。

中国工商银行 INDUSTRIAL AND COMMERCIAL BANK OF CHINA　　本　票　　本票号码 Ⅸ 20056003

付款期限
贰 个 月

申请日期（大写）贰零贰肆年零玖月壹拾壹日

收款人：华耀玻璃工业集团股份有限公司		
凭票即付	人民币（大写）壹拾万元整	
转账　~~现金~~	（印章：中国工商银行 本票专用章 (12)；毛功林印） 出票行签章	科　目（付） 对方科目（付） 兑付日期　年　月　日 财务主管　复核　经办
备注		

图 2－16　中国工商银行本票

（背面）

注意事项：一、本票在指定城市范围使用

二、本票经备书可以转让

被背书人	被背书人	被背书人
背书人签章 年　月　日	背书人签章 年　月　日	背书人签章 年　月　日

图 2－16　中国工商银行本票（续）

采用银行本票方式，收款单位按规定受理银行本票后，应将本票连同进账单送交银行办理转账，并根据银行盖章退回的进账单第一联和有关原始凭证编制收款凭证。

付款单位在填制银行本票申请书并将款项交存银行，收到银行签发的银行本票后，根据申请书存根联编制付款凭证。企业因银行本票超过付款期限或其他原因要求退款时，在交回本票和填制的进账单经银行审核盖章后，根据进账单第一联编制收款凭证。

3. 与销售有关的原始凭证的格式及填制

（1）电子增值税专用发票（通用）（见图 2－17）。电子增值税专用发票是一种以电子形式开具、存储和传递的增值税专用发票。它与传统纸质增值税专用发票具有同等法律效力，用于记录企业之间的商品或服务交易中涉及的增值税应税行为。

电子发票（增值税专用发票）

实训专用

国家税务总局监制

发票号码：202411222456

开票日期：2024年09月11日

购买方信息	名称：陕西永旭能源科技有限公司 统一社会信用代码/纳税人识别号：91610104847G93X232	销售方信息	名称：陕西兴远硅片技术有限公司 统一社会信用代码/纳税人识别号：91872004847G93X710

项目名称	规格型号	单位	数量	单价	金额	税率/征收率	税额
硅片	156mm	个	100	1000.00	100000.00	13%	13000.00
合　计					¥100000.00		¥13000.00
价税合计（大写）	⊗ 壹拾壹万叁仟元整				（小写）¥113000.00		
备注							

开票人：

图 2－17　电子增值税专用发票（通用）

企业可以通过税务系统或相关开票软件开具电子增值税专用发票，并将其发送给购买方。购买方可以在自己的税务系统或相关软件中接收、查看和存储电子增值税专用发票，用于抵扣进项税额、记账等。电子增值税专用发票的推行有助于提高发票管理效率，降低企业成本，同时也方便税务部门进行监管。

纳税人可以选择通过办税服务厅、电子税务局等渠道领用电子增值税专用发票。通过网上申领方式领用电子增值税专用发票，纳税人可实现“即领即用”。

（2）电子增值税普通发票（见图2－18）。

全国统一发票监制章 实训专用 国家税务总局监制

电子发票（普通发票）

发票号码：202411222412

开票日期：2024年09月15日

购买方信息	名称：陕西永旭能源科技有限公司 统一社会信用代码/纳税人识别号：91610104847G93X232			销售方信息	名称：西安尚品五金劳保店 统一社会信用代码/纳税人识别号：91320158347G93X271		
项目名称	规格型号	单位	数量	单价	金额	税率/征收率	税额
工作服		套	100	200.00	20000.00	3%	600.00
合　　计					¥20000.00		¥600.00
价税合计（大写）	⊗ 贰万零陆佰元整				（小写）¥20600.00		
备注							

开票人：

图2－18　电子增值税发票（普通发票）

（3）机动车电子增值税专用发票（见图2－19）。

（4）销售单与出库单（见图2－20、图2－21）。

销售单具有以下重要作用：

1）确认销售交易：证明销售业务的实际发生。

2）核算收入：是计算销售收入的依据。

3）跟踪应收账款：有助于管理客户欠款。

出库单具有以下重要作用：

1）记录库存变动：反映商品出库情况，确保库存数量准确。

2）成本核算：为计算、结转产品成本提供数据。

3）内部管理：便于仓库管理和控制库存。

机动车

电子发票（增值税专用发票）

全国统一发票监制 实训专用 国家税务总局监制

发票号码：202411222136

开票日期：2024年09月01日

购买方信息	名称：陕西永旭能源科技有限公司 统一社会信用代码/纳税人识别号：91610104847G93X232	销售方信息	名称：陕西星星汽车销售服务有限公司 统一社会信用代码/纳税人识别号：91610257081765320N

项目名称	车辆识别号 / 车架号码	单位	数量	单价	金额	税率/征收率	税额
多用途货车V8	LGEPDG5PH579427/71579	台	2	250000.00	500000.00	13%	65000.00
合　计					¥500000.00		¥65000.00
价税合计（大写）	⊗伍拾陆万伍仟元整				（小写）¥565000.00		
备注	购买方地址：陕西省西安市高新区科技五路39号 购买方开户银行及账号：中国工商银行西京路支行　3202837409372108472 销售方地址：陕西省西安市未央区阿房宫大道29号 销售方开户银行及账号：中国工商银行阿房宫分行　3702320809200026807						

开票人：

图 2－19　机动车电子增值税专用发票

销 售 单

单据编号：20240321

开票日期：2024年10月21日

购货单位：上海光伏科贸公司　　地址电话：上海市光华路45号　021-86001266

纳税人识别号：662225500080222　　开户行及账号：交通银行上海分行　550018002243320011

编码	产品名称	规格	单位	数量	单价	金额	备注
05	空调	KT-2	台	1000	3000.00	60000.00	
合计	人民币（大写）陆万元整					¥60000.00	

②仓库记账后转财务处

图 2－20　销售单

出 库 单

单据编号：202400311

购货单位：武汉广华科技有限公司

出货仓库：第二仓库　　　　出库时间：2024年10月21日

出货单位		销售公司	用途	销售	购货单位	上海光伏科贸公司	
类别	编号	名称及规格	单位	数量		成本	
				应发数量	实发数量	单位成本	总成本
05		空调KT-2	台	20	20		
合计					20		
主管：张某 2024年10月21日		仓库负责人：李某 2024年10月21日		出库经手人：魏某 2024年10月21日		开票人：董某 2024年10月21日	

记账联

图 2-21　出库单

4. 与生产有关的原始凭证的格式及填制示例

（1）收料单（见图2-22）。收料单是在外购的材料物资验收入库时填制的凭证，一般一式三联：一联由验收人员留底，一联交仓库保管人员据以登记明细账，一联连同发货票交财务部门办理结算。

收 料 单

No.20801019

供货单位：西安昌明电源有限公司　　　　日期：2024年10月13日

材料名称	规格	单位	数量		计划成本		实际成本		运费
			应收	实收	单价	金额	单价	金额	
电机	Q-11	套	300	300	240	72000	250	75000	
合计			300	300		72000		75000	

记账联

仓库验收：华振江　　质量检验：吴强　　收料：江春生

图 2-22　收料单

（2）领料单示例（见图2-23）。领料单为自制原始凭证。为便于分类汇总，一般“一料一单”。领用原材料经领料车间负责人批准后方可填制领料单。车间负责人、收料人、仓库管理员、发料人均需在领料单中签章。

（3）限额领料单（见图2-24）。限额领料单是一次开设、多次使用、领用限额已定的累

领 料 单

No.30905002

领料部门：电池板车间　　　　　　　　　　　　　　　　　日期：2024年10月14日

材料名称	规格	单位	数量		计划成本		用途
			请领	实领	单价	金额	
电路板	DL–02	克	50	50	680	34000	
背板	BG–2	块	100	100	20	2000	
合计			150	150		36000	

记账联

仓库主管：李 为　　发料：梁 安　　领料部门主管：尚嘉铭　　领料：许 恒

图 2－23　领料单

计凭证。在有效期（最长 1 个月）内，只要领用数量累计不超过限额就可以连续使用。

每月开始以前，应由供应部门根据生产计划、材料消耗定额等有关资料，按照产品和材料分别填制限额领料单。

在限额领料单中，要填明领料单位、材料用途、发料仓库、材料名称以及根据本月产品计划产量和材料消耗定额计算确定的全月领料限额等项目。

限额领料单一般一式两联，经生产计划部门和供应部门负责人审核签章后，一联送交仓库据以发料，登记材料明细账；一联送交领料单位据以领料。

限额领料单

领料部门：　第一车间

用　　途：生产KT–2空调　　　　　　开票日期　2024年10月30日　　　　　　领字第2号

材料编号	材料名称	规格	单位	领用限量	实发数量	价格	
						单价	金额
DJ43	电机		套	500	470	50.00	23500.00

日期	请领		实发		退回		签名		限额结余
	数量	金额	数量	金额	数量	金额	领料人	发料人	套
1	200	10000.00	200	10000.00			张某	王某	300
10	150	7500.00	150	7500.00			张某	王某	150
20	120	6000.00	120	6000.00			张某	王某	30
合计	470		470						30

记账联

图 2－24　限额领料单

5. 其他原始凭证的格式及填制示例

（1）收据（见图 2－25）。收据是指国家机关、企事业单位、社会团体等各种经济组织之间不具有营业性质且需偿还或收取的资金往来的收付凭证，其格式无强制性要求，任何组织、单位和个人均可印制。

收 据

No.36988901

2024年10月10日　　　　单位：元

今付给部门：销售部门　　姓名：李思源　　现金　款。

人民币（大写）叁佰伍拾陆元玖角整　　¥356.90元

收款单位：（陕西永旭能源科技有限公司 财务专用章）　　会计主管：李潇　　付款人：黄立元

图 2-25　收据

（2）费用报销审批表（见图2-26）。费用报销审批表是用于记录和审批费用报销事项的凭证，通常包含报销人的基本信息、报销费用的明细、报销的事由等内容。

企业或单位通过费用报销审批表对员工的费用报销申请进行审核，以确保费用的合理性和合规性。

费用报销审批表一般需要经过多个环节的审批，如部门负责人审批、财务部门审批等。审批通过后，报销款项才会发放给报销人。

费用报销审批表　　1

日期：2024年9月19日　　№：20241550

经办人	李百峰	所在部门	厂办	用途说明：
验证人	庞凤尚	部门负责人	田富更	购买办公用品（签字笔500个）
金额（大写）伍佰元整 ¥500.00				
原借款：无				原始凭证（发票、入库单）
应补现金：500.00		应退余额：		
会计主管审批 张某 2024年9月19日	单位主管审批 李福海 2024年9月19日		领导审批 朱东 2024年9月19日	单据及附件共 2 页

现金付讫

会计主管：张某　　复核：　　出纳：同某龙　　领款人：李百峰

图 2-26　费用报销审批表

三、记账凭证填制规范及示例

（一）记账凭证的填制规范

1. 记账凭证填制的基本要求

（1）内容完整。凭证要素要齐全，包括日期、凭证编号、摘要、会计科目、借贷方向、金额等，确保信息无遗漏。

（2）记录真实。要依据真实发生的经济业务进行填制，如实反映交易或事项的实际情况，不虚构、不歪曲。

（3）手续完备。制单、记账、出纳、复核等相关人员应在凭证上签名或盖章，以明确责任。

（4）书写清楚、规范。字迹要工整、清晰，摘要应简明扼要、准确表达业务内容，数字和文字的书写不得潦草、模糊。

（5）连续编号。记账凭证应按照一定的顺序连续编号，以便于查账和管理。

（6）不得随意涂改、刮擦、挖补。如果发现凭证有错误，应按照规定的方法进行更正，严禁采用不规范的手段进行修改。

2. 记账凭证填制的附加要求

（1）除结账和更正错误外，记账凭证必须附有原始凭证并注明所附原始凭证的张数。所附原始凭证的张数一般以原始凭证的自然张数为准，报销差旅费等的零散票券，可以粘贴在一张纸上，作为一张原始凭证。如果记账凭证中附有原始凭证汇总表，则应该把所附的原始凭证和原始凭证汇总表的张数一起计入附件的张数之内。一张原始凭证如涉及几张记账凭证，可以将该原始凭证附在一张主要的记账凭证后面，在其他记账凭证上注明该主要记账凭证的编号或者附上该原始凭证的复印件。

（2）记账凭证编号方法有多种，可以按现金收付、银行存款收付和转账业务三类分别编号，也可以按现收、现付、银收、银付和转账五类进行编号，通用记账凭证的编号通常按业务发生顺序进行连续编号，如记字第 1 号、记字第 2 号。

无论采用哪种编号方法，每月都从 1 号编起，顺序编至月末。一笔经济业务需要填制两张或者两张以上记账凭证的，可以采用分数编号法编号，如一项会计事项需要填制三张记账凭证，就可以编成第 1/3 号、第 2/3 号、第 3/3 号。

（3）填制记账凭证时如果发生错误，应当重新填制。已经登记入账的记账凭证在当年内发现错误的，可以用红字冲销法进行更正。

（4）实行会计电算化的单位，其机制记账凭证也应遵守记账凭证的填制要求，打印出来的机制记账凭证上，要加盖制单人员、复核人员、记账人员和财会主管人员印章或者签字，以明确责任。

（5）填制记账凭证时应正确编制会计分录并保证借贷平衡，正确使用会计科目，记账凭证借方、贷方的金额必须相等，合计数必须计算正确。

（6）记账凭证摘要应与原始凭证内容一致，能正确反映经济业务的主要内容，表述简短精练。应使阅读的人通过摘要就能了解该项经济业务的性质、特征，判断出会计分录是否正确。

（7）只涉及现金和银行存款之间收入或付出的经济业务，只填制付款凭证，不填制收款凭证，以免重复。

（二）记账凭证填制示例

1. 收款凭证填制示例

收款凭证根据库存现金和银行存款收款业务的原始凭证填制。凡是涉及增加库存现金或者银行存款账户的金额的，都必须填制收款凭证（见图2－27）。

收 款 凭 证

借方科目：银行存款　　　　2024年10月5日　　　　银收字第2号

摘　要	贷方总账科目	明细科目	√	金额 百	十	万	千	百	十	元	角	分
收到光大商贸公司货款	应收账款	光大商贸				4	3	0	0	0	0	0
合　　　计					¥	4	3	0	0	0	0	0

附件1张

财会主管：海某　记账：时某　出纳：任某　复核：东某　制单：胡某　交款人：吴某

图2－27　收款凭证

（1）收款凭证左上方的“借方科目（或账户）”，应填写“库存现金”或“银行存款”。

（2）收款凭证右上方应填写凭证编号，收款凭证的编号一般按“现收字第×号”和“银收字第×号”分类，业务量少的单位也可不分“现收”与“银收”，而按收款业务发生的先后顺序统一编号，如“收字第×号”。

（3）“摘要”栏内填写经济业务的内容梗概。

（4）“贷方总账科目（或账户）”栏内，填写与“库存现金”或“银行存款”科目相对应的总账（一级）科目及其所属明细（二级）科目。

（5）“金额”栏内填写实际收到的库存现金或银行存款数额。

（6）“记账符号”栏供记账人员在根据收款凭证登记有关账簿以后做记号用，表示该项金额已经记入有关账户，避免重记或漏记。

（7）附件张数以原始凭证的自然张数为准。

2. 付款凭证填制示例

付款凭证根据库存现金和银行存款业务的原始凭证填制。凡是涉及减少库存现金或者银行存款账户的金额的，都必须填制付款凭证（见图 2－28）。

付 款 凭 证

贷方科目：银行存款　　2024年10月25日　　银付 字第 29 号

摘　要	借方总账科目	明细科目	√	金额								
				百	十	万	千	百	十	元	角	分
付3日欠东风厂货款	应付账款	东风厂				3	2	4	4	0	0	0
合　计					¥	3	2	4	4	0	0	0

财会主管：海某　记账：时某　出纳：任某　复核：东某　制单：胡某　交款人：吴某

图 2－28　付款凭证

付款凭证的填制方法和要求与收款凭证基本相同，不同的是：

（1）在付款凭证的左上方应填列“贷方科目（或账户）”，因为库存现金和银行存款的减少应记账户的贷方。

（2）付款凭证的对应科目为“借方总账科目（或账户）”，需填写与现金或银行存款支出业务有关的总账（一级）科目和明细（二级）科目。

（3）对于只涉及“库存现金”与“银行存款”这两个账户的业务，如从银行存款中提取现金或以现金存入银行等，只需填制付款凭证，不再填制收款凭证，以免重复记账。

3. 转账凭证填制示例

凡是不涉及库存现金和银行存款增加或减少的业务，都必须填制转账凭证（见图 2－29）。转账业务没有固定的账户对应关系，因此在转账凭证中，要按借方和贷方分别填列有关总账（一级）科目和明细（二级）科目。借方科目的金额与贷方科目的金额都在同一行的“金额”栏内填列。

4. 通用记账凭证填制示例

通用记账凭证（见图 2－30）是一种用于记录企业所有经济业务的凭证。它可以适用于收款、付款和转账各种不同类型的经济业务，不同于只针对特定业务类型的专用记账凭证，它集收款、付款和转账凭证的功能于一身，其格式及填制方法与转账凭证基本相同。

转 账 凭 证

2024年10月23日　　　　转字第45号

摘　要	借方		贷方		金　额									金　额									√
	总账科目	明细科目	总账科目	明细科目	百	十	万	千	百	十	元	角	分	百	十	万	千	百	十	元	角	分	
计提工资	生产成本	KT–2					2	3	5	4	0	0	0										
	生产成本	KT–5					1	1	2	5	0	0	0										
	制造费用	工资					2	2	1	1	5	0	0										
	管理费用	工资					2	2	9	0	5	0	0										
			应付职工薪酬	工资			7	9	8	1	0	0	0			7	9	8	1	0	0	0	
合		计				¥	7	9	8	1	0	0	0		¥	7	9	8	1	0	0	0	

财会主管：海某　　记账：时某　　出纳：任某　　复核：东某　　制单：李某　　交款人：吴某

图 2－29　转账凭证

记 账 凭 证

2024年10月23日　　　　记字第125号

摘　要	总账科目	明细科目	借方金额								贷方金额								√
			十	万	千	百	十	元	角	分	十	万	千	百	十	元	角	分	
计提工资	生产成本	KT–2		2	3	5	4	0	0	0									
	生产成本	KT–5		1	1	2	5	0	0	0									
	制造费用	工资		2	2	1	1	5	0	0									
	管理费用	工资		2	2	9	0	5	0	0									
	应付职工薪酬	工资										7	9	8	1	0	0	0	
合	计		¥	7	9	8	1	0	0	0	¥	7	9	8	1	0	0	0	

财会主管：海某　　记账：时某　　出纳：任某　　复核：东某　　制单：李某　　交款人：吴某

图 2－30　通用记账凭证

四、账簿登记规范及示例

（一）账簿设置和登记规范

1. 账簿具体设置要求

企业账簿的设置必须符合《中华人民共和国会计法》《会计基础工作规范》《企业会计制度》等法律法规的要求，所有实行独立核算的企业都必须依法设置会计账簿，并保证其真实、完整，不得违反规定私设会计账簿。同时，账簿的设置应遵守统一的会计科目名称和编码规则，保证数据的一致性和可读性。总账、明细账、日记账等各类账簿的格式、内容和登记方法都应按照规定执行，以便于会计信息的汇总、分析和比较。

企业账簿的设置应与企业规模和业务量相适应，规模大、业务量大的企业，会计账簿需要的册数多。规模小、业务量小的企业，账簿设置则可相对简化。例如，大型制造企业因生产经营环节多、业务复杂，可能需要多本明细账分别记录原材料采购、生产成本核算、库存商品管理等，而小型零售企业业务相对简单，可能将所有明细账户设在一本或两本明细账上。

账簿具体设置要求如下：

（1）总账。总账一般采用订本式账簿，根据企业所设置的全部账户的总括信息进行登记。总账应按照会计科目的顺序设立账户，每个科目设立一个账户，并预留足够的账页。

（2）日记账。日记账包括现金日记账和银行存款日记账，通常也采用订本式。现金日记账应逐日逐笔登记库存现金的收付情况，银行存款日记账应根据银行存款的收支业务逐笔登记，并定期与银行对账单进行核对。

（3）明细账。明细账根据二级科目或明细科目设置账户，采用活页式或卡片式账簿，以记录经济业务的明细情况，是对总账的必要补充。常见的格式有“三栏式”“数量金额式”“多栏式”“横线登记式”等，不同的科目可根据其核算特点选择明细账格式。

（4）辅助账。辅助账又称备查簿，按其所反映的经济业务事项分别设立账户，用于记录一些在总账和明细账中未能详细反映的事项，如代管物资辅助账、租入固定资产登记簿等。

实行会计电算化的单位，用计算机打印的会计账簿必须连续编号，经审核无误后装订成册，并由记账人员和会计机构负责人、会计主管人员签字或者盖章，以防止账页散失或被抽换，保证会计资料完整。

2. 账簿启用规范

（1）启用新的会计账簿时，应当在账簿封面上写明单位名称和账簿名称，并填写账簿扉页上的“账簿启用及交接表”（见图 2 - 31），注明启用日期、账簿起止页数（活页式账簿可于装订时填写起止页数）、记账人员和会计机构负责人、会计主管人员姓名等，并加盖名章和单位公章。

账簿启用及交接表

机构名称	陕西永旭能源科技有限公司	印　鉴
账簿名称	总分类账　　　　（第　一　册）	陕西永旭能源科技有限公司 ★ 财务专用章
账簿编号	01	
账簿页数	本账簿共计　50　页	
启用日期	公元　2024　年　09　月　01　日	

经管人员	负责人		主管会计		复核		记账	
	姓名	签章	姓名	签章	姓名	签章	姓名	签章
	华风云	华风云	蒋林	蒋林	马芬	马芬	赵州严	赵州严

提交记录	经管人员		接管				交出			
	职别	姓名	年	月	日	签章	年	月	日	签章
备注										

图 2-31　账簿启用及交接表

（2）当记账人员或者会计机构负责人、会计主管人员调动工作时，也要在“账簿启用及交接表”上注明交接日期、接管人员和监交人员姓名，并由交接双方签字或者盖章。

3. 账簿登记规范

（1）账簿登记时间的规范。会计人员应当根据审核无误的会计凭证登记会计账簿。至于各种会计账簿应当每隔多长时间登记一次，没有统一规定。一般来说，总账要按照单位所采用的会计核算形式及时记账。各单位具体采用哪一种会计核算形式，每隔几天登记一次总账，可以根据本单位实际情况自行确定。

1）采用记账凭证核算形式的单位，直接根据记账凭证定期（3 天或者 5 天）登记，在这种核算形式下，应当尽可能地根据原始凭证编制原始凭证汇总表，根据原始凭证汇总表和原始凭证填制记账凭证，根据记账凭证登记总账。

2）采用科目汇总表核算形式的单位，可以根据定期汇总编制的科目汇总表随时登记总账。

3）采用汇总记账凭证核算形式的单位，可以根据汇总收款凭证、汇总付款凭证和汇总转账凭证的合计数，月终时一次登记总账。

4）各种明细账，要根据原始凭证、原始凭证汇总表和记账凭证每天进行登记，也可以定期（3 天或者 5 天）登记。

5）债权债务明细账和财产物资明细账应当每天登记，以便随时与对方单位结算，核对库存余额。

6）现金日记账和银行存款日记账，应当根据办理完毕的收款凭证和付款凭证，随时逐笔顺序进行登记，最少每天登记一次。

（2）账簿登记的规范。

1）登记会计账簿时，应当将会计凭证日期、编号、业务内容摘要、金额和其他有关资料逐项记入账内。登记完毕后，记账人员要在记账凭证上签名或者盖章，并注明已经登账的符号（如打“√”等）。

2）各种账簿要按页次顺序连续登记，不得跳行、隔页。除制度规定允许用红色墨水登账的情况外，登记账簿要用蓝黑墨水或者碳素墨水书写，不得用圆珠笔（银行的复写账簿除外）或者铅笔书写。账簿中书写的文字和数字一般应占格距的1/2，以便留有改错的空间。

3）凡需结出余额的账户，应当定期结出余额。现金日记账和银行存款日记账必须每天结出余额。每一账页登记完毕结转下页时，应当结出本页合计数和余额，写在本页最后一行和下页第一行有关栏内，并在摘要栏内注明“过次页”和“承前页”字样。对“过次页”的本页合计数如何计算，一般分三种情况：

①需要结计本月发生额的账户，结计“过次页”的本页合计数应为自本月初起至本页末止的发生额合计数。

②需要结计本年累计发生额的账户，结计“过次页”的本页合计数应当为自年初起至本页末止的累计数。

③既不需要结计本月发生额也不需要结计本年累计发生额的账户，可以只将每页末的余额结转次页。

（3）账簿记录错误更正的规范。如果会计账簿记录发生错误，不允许采用涂改、挖补、刮擦、药水消除字迹等手段更正错误，也不允许重抄，而应当根据情况，按照规定采用划线更正法等进行更正；由于记账凭证错误而使账簿记录发生错误，应当首先更正记账凭证，然后再按更正后的记账凭证登记账簿。

（4）账簿对账的规范。对账就是核对账目。会计核算要求账簿登记清晰、准确，但在实际工作中，由于种种原因，账目难免会出现错漏。因此，需要经常进行对账，即将会计账簿记录的有关数字与库存实物、货币资金、有价证券、往来单位或者个人等进行核对，保证账证相符、账账相符、账实相符。各单位的对账工作每年至少进行一次。

（5）账簿结账的规范。结账是在将本期内所发生的经济业务全部登记入账的基础上，按照规定的方法对该期内的账簿记录进行小结，结算出本期发生额合计和余额，并将其余额结转下期或者转入新账。为了正确反映一定时期内在账簿记录中已经记录的经济业务，总结有关经济业务活动和财务状况，各单位必须在会计期末进行结账，不得为赶编财务报表而提前结账，更不得先编制财务报表后结账。结账时，应当根据不同的账户记录，分别采用不同的方法。

1）对不需要按月结计本期发生额的账户，如各项应收应付款明细账和各项财产物资明细账等，每次记账以后都要随时结出余额，每月最后一笔余额即为月末余额，也就是说，月末余额就是本月最后一笔经济业务记录的同一行内的余额。月末结账时，只需要在最后一笔经济业务记录之下通栏划单红线，不需要再结计一次余额。划线的目的是为了突出有关数字，表示本期的会计记录已经截止或者结束，并将本期与下期的记录明显分开。

2）现金日记账、银行存款日记账和需要按月结计发生额的收入、费用等明细账，每月结账时，要在最后一笔经济业务记录下面通栏划单红线，结出本月发生额和余额，在摘要栏内注明“本月合计”字样，在下面再通栏划单红线。

3）需要结计本年累计发生额的某些明细账户，每月结账时，应在“本月合计”行下结出自年初起至本月末止的累计发生额，登记在月份发生额下面，在摘要栏内注明“本年累计”字样，并在下面通栏划单红线。12月末的“本年累计”就是全年累计发生额，全年累计发生额下通栏划双红线。

4）总账账户平时只需结出月末余额。年终结账时，为了总括反映本年全年各项资金运动情况的全貌，核对账目，要将所有总账账户结出全年发生额和年末余额，在摘要栏内注明“本年合计”字样，并在合计数下通栏划双红线。

年度终了结账时，有余额的账户要将其余额结转下年。结转的方法是将有余额的账户的余额直接记入新账余额栏内，不需要编制记账凭证，也不必将余额再记入本年账户的借方或者贷方，使本年有余额的账户的余额变为零。年末有余额的账户，其余额应当如实地在账户中加以反映，否则，容易混淆有余额的账户和没有余额的账户。

对于新的会计年度建账问题，一般来说，总账、日记账和多数明细账应每年更换一次。但有些财产物资明细账和债权债务明细账由于材料品种、规格和往来单位较多，更换新账时重抄一遍工作量较大，因此，可以跨年度使用，不必每年更换一次。各种备查簿也可以连续使用。

以上对登记会计账簿的有关规定，除特别指出的外，主要适用于手工记账，实行会计电算化的单位，登记会计账簿还应当符合财政部关于会计电算化的有关规定。

（二）账簿登记示例

1. 现金日记账（见图2-32和图2-33）

（1）格式：借、贷、余三栏式。

（2）登记方法：出纳人员根据审核无误的现金收、付款凭证和银行存款付款凭证（提现业务），序时逐日逐笔登记。

现　　金　日记账

总第 11 页　分第 11 页

编号

年		凭证		摘要	支票		借方										贷方										√	余额									
月	日	字	号		种类	号数	千	百	十	万	千	百	十	元	角	分	千	百	十	万	千	百	十	元	角	分		千	百	十	万	千	百	十	元	角	分
7	1			期初余额																							借					6	1	0	0	0	0
	5	收	1	提现备用	略					8	0	0	0	0	0	0											借				8	6	1	0	0	0	0
	5	付	2	李菊借差旅费																2	0	0	0	0	0	0	借				6	6	1	0	0	0	0
				本日合计						8	0	0	0	0	0	0				2	0	0	0	0	0	0					6	6	1	0	0	0	0
	10	付	4	王虎借差旅费																4	0	0	0	0	0	0	借				2	6	1	0	0	0	0
				本日合计																4	0	0	0	0	0	0					2	6	1	0	0	0	0
	12	付	5	支付办公费																	4	0	0	0	0	0	借				2	2	1	0	0	0	0
	12	收	5	李菊余款退回							6	0	0	0	0	0											借				2	8	1	0	0	0	0
				本日合计							6	0	0	0	0	0					4	0	0	0	0	0					2	8	1	0	0	0	0
	18	付	8	报销招待费																1	2	0	0	0	0	0	借				1	6	1	0	0	0	0
				转次页						8	6	0	0	0	0	0				7	6	0	0	0	0	0	借				1	6	1	0	0	0	0

图 2－32　现金日记账（1）

现　　金　日记账

总第 12 页　分第 12 页

编号

年		凭证		摘要	支票		借方										贷方										√	余额									
月	日	字	号		种类	号数	千	百	十	万	千	百	十	元	角	分	千	百	十	万	千	百	十	元	角	分		千	百	十	万	千	百	十	元	角	分
				承前页						8	6	0	0	0	0	0				7	6	0	0	0	0	0	借				1	6	1	0	0	0	0
7	18	收	8	提现备用	略					5	0	0	0	0	0	0											借				6	6	1	0	0	0	0
				此行空白	华风云																																
	21	付	10	支付办公费																	6	0	0	0	0	0	借				6	0	1	0	0	0	0
				本日合计																	6	0	0	0	0	0					6	0	1	0	0	0	0
7	31			本月合计					1	3	6	0	0	0	0	0				8	2	0	0	0	0	0	借				6	0	1	0	0	0	0

图 2－33　现金日记账（2）

2. 银行存款日记账（见图 2－34 和图 2－35）

（1）格式：借、贷、余三栏式。

（2）登记方法：出纳人员根据审核无误的银行存款收、付款凭证和现金付款凭证

（存款业务），序时逐日逐笔登记。

银行存款　日记账　　总第25页　分第9页

子目、户名或编号______

年		凭证		摘要	支票		借方									√	贷方									借或贷	余额								
月	日	字	号		种类	号数	百	十	万	千	百	十	元	角	分		百	十	万	千	百	十	元	角	分		百	十	万	千	百	十	元	角	分
7	1			期初余额																						借		5	2	0	0	0	0	0	0
	2	付	2	付欠华山货款															8	6	0	0	0	0	0	借		4	3	4	0	0	0	0	0
	3	付	4	付设备款															3	2	0	0	0	0	0	借		4	0	2	0	0	0	0	0
	5	收	3	收光明厂货款				1	5	0	0	0	0	0	0											借		5	5	2	0	0	0	0	0
	8	收	5	收光明厂欠款					5	0	0	0	0	0	0											借		6	0	2	0	0	0	0	0
	8	付	8	付会议费															2	2	0	0	0	0	0	借		5	8	0	0	0	0	0	0
	10	付	10	付资料费																5	0	0	0	0	0	借		5	7	5	0	0	0	0	0
	10	付	11	提现备用															2	0	0	0	0	0	0	借		5	5	5	0	0	0	0	0
	12	付	13	付东方厂货款														1	4	0	0	0	0	0	0	借		4	1	5	0	0	0	0	0
				转次页				2	0	0	0	0	0	0	0			3	0	5	0	0	0	0	0	借		4	1	5	0	0	0	0	0

图2-34　银行存款日记账（1）

银行存款　日记账　　总第26页　分第10页

子目、户名或编号______

年		凭证		摘要	支票		借方									√	贷方									借或贷	余额								
月	日	字	号		种类	号数	百	十	万	千	百	十	元	角	分		百	十	万	千	百	十	元	角	分		百	十	万	千	百	十	元	角	分
				承前页				2	0	0	0	0	0	0	0			3	0	5	0	0	0	0	0	借		4	1	5	0	0	0	0	0
7	20	付	18	付华山厂货款														1	1	0	0	0	0	0	0	借		3	0	5	0	0	0	0	0
	25	付	21	提现备用															3	0	0	0	0	0	0	借		2	7	5	0	0	0	0	0
	29	收	25	收维克厂货款				2	1	0	0	0	0	0	0											借		4	8	5	0	0	0	0	0
7	31			本月合计				4	1	0	0	0	0	0	0			4	4	5	0	0	0	0	0	借		4	8	5	0	0	0	0	0

图2-35　银行存款日记账（2）

3. 总账（见图2-36和图2-37）

（1）格式：借、贷、余三栏式。

（2）登记方法：登记方法取决于企业所采用的会计核算形式。

1）逐笔登记：根据专用记账凭证逐笔登记。

2）汇总登记：将记账凭证定期汇总编制成“汇总记账凭证”或“科目汇总表”，再据以登记总账。

原材料 总分类账

总第 31 页　　分第 1 页

会计科目或编号______

年		凭证		摘要	借方									√	贷方									借或贷	余额								
月	日	字	号		百	十	万	千	百	十	元	角	分		百	十	万	千	百	十	元	角	分		百	十	万	千	百	十	元	角	分
1	1			上年结转																				借		5	6	1	2	4	0	0	0
	15			1—15日汇总		2	1	0	5	0	0	0	0			2	8	0	5	0	0	0	0	借		4	9	1	2	4	0	0	0
1	31			16—31日汇总		2	6	2	0	5	0	0	0			3	4	2	0	5	0	0	0	借		4	1	1	2	4	0	0	0

图 2-36　总账（1）

应收账款 总分类账

总第 41 页　　分第 1 页

会计科目或编号______

年		凭证		摘要	借方									√	贷方									借或贷	余额								
月	日	字	号		百	十	万	千	百	十	元	角	分		百	十	万	千	百	十	元	角	分		百	十	万	千	百	十	元	角	分
1	1			上年结转																				借		3	6	9	2	9	0	0	0
	15			1—15日汇总		1	1	0	3	0	0	0	0			1	8	0	4	0	0	0	0	借		2	9	9	1	9	0	0	0
1	31			16—31日汇总		2	4	2	0	5	0	0	0			1	4	2	0	5	0	0	0	借		3	9	9	1	9	0	0	0

图 2-37　总账（2）

（3）总账一般采用订本式账簿，应事先为每一个账户预留若干账页（使用口取纸）。总账能够为财务报表的编制提供反映某一类经济业务总括情况的资料，并对其所属的各明细账起控制和核对作用。因此任何单位都必须设置总账。

4. 明细账登记示例

明细分类账格式主要有以下三种：

（1）三栏式明细分类账（见图 2-38 和图 2-39）。

1）格式：借、贷、余三栏式。

2）登记方法：逐笔登记。

3）适用核算内容：债权、债务、往来款项明细账等；只提供价值指标。

总第 20 页　分第 1 页

应收账款 明细分类账

会计科目或编号______

子目或编号 河南凤仪商贸公司

年		凭证		摘要	借方									√	贷方									借或贷	余额								
月	日	字	号		百	十	万	千	百	十	元	角	分		百	十	万	千	百	十	元	角	分		百	十	万	千	百	十	元	角	分
1	1			上年结转																				借		5	7	6	0	0	0	0	0
	16	收	10	收回前欠款												3	0	0	0	0	0	0	0	借		2	7	6	0	0	0	0	0
	20	转	21	赊销商品			8	0	0	0	0	0	0											借		3	5	6	0	0	0	0	0
	22	收	12	收回前欠款													8	0	0	0	0	0	0	借		2	7	6	0	0	0	0	0
1	31			本月合计			8	0	0	0	0	0	0			3	8	0	0	0	0	0	0	借		2	7	6	0	0	0	0	0

图 2-38　三栏式明细分类账（1）

总第 40 页　分第 1 页

其他应收款 明细分类账

会计科目或编号______

子目或编号 丰毅

年		凭证		摘要	借方									√	贷方									借或贷	余额								
月	日	字	号		百	十	万	千	百	十	元	角	分		百	十	万	千	百	十	元	角	分		百	十	万	千	百	十	元	角	分
1	1			上年结转																				借				4	0	0	0	0	0
	10	转	11	报销差旅费														3	5	0	0	0	0	借					5	0	0	0	0
	10	收	10	收回余款															5	0	0	0	0	平									0
1	31			本月合计														4	0	0	0	0	0	平									0

图 2-39　三栏式明细分类账（2）

（2）数量金额式明细分类账（见图 2-40）。

1）格式：借、贷、余三栏中分设数量、单价、金额栏。

2）登记方法：逐笔登记。

3）适用于既需要核算金额又需要核算数量的各项财产物资明细分类账簿。如原材料明细账和库存商品明细账等。既提供价值指标，又提供实物指标。

（3）多栏式明细分类账（见图 2-41）。

1）格式：在借方和贷方的某一方或两方下面分设若干栏目，详细反映借方和贷方金额的组成情况。

2）登记方法：逐笔登记（减少数用红字登记）。

3）适用核算内容：成本费用和收入等；只提供价值指标。

原材料　明细分类账

最高存量	
最低存量	

总第 10 页　分第 1 页

会计科目或编号

部类　　产地 江苏　单位 件　规格　　品名 标准件 A

月	日	凭证字	凭证号	摘要	借方数量	借方单价	借方金额（千百十万千百十元角分）	贷方数量	贷方单价	贷方金额（千百十万千百十元角分）	余额数量	余额均价	余额金额（千百十万千百十元角分）
1	1			上年结转							98	70	686000
	3	转	3	生产领用				50	70	350000	48	70	336000
	6	转	7	验收入库	20	70	140000				68	70	476000
	12	转	19	生产领用				40	70	280000	28	70	196000
	28	转	31	验收入库	60	70	420000				88	70	616000
1	31			本月合计	80	70	560000	90	70	630000	88	70	616000

图 2－40　数量金额式明细账

管理费用　　明细分类账

总第 20 页　分第 1 页

会计科目或编号

月	日	凭证字	凭证号	摘要	借方（百十万千百十元角分）	贷方（百十万千百十元角分）	借或贷	余额（百十万千百十元角分）	（借）方 办公用品	招待费	折旧费
1	2	付	3	购买办公用品	50000		借	50000	50000		
	4	付	5	报销招待费	150000		借	200000		150000	
	10	付	11	报销差旅费	230000		借	430000			
	16	付	21	购买办公用品	120000		借	550000	120000		
	20	付	31	报销话费	350000		借	900000			
	28	转	41	分摊水电费	560000		借	1460000			
	30	转	49	计提工资	3200000		借	4660000			
	30	转	50	计提福利费	448000		借	5108000			
	30	转	51	计提折旧	620000		借	5728000			620000
	30	转	53	费用结转		5728000	平	0	170000	150000	620000
1	31			本月合计	5728000	5728000	平	0			

日	摘要	金额分析 通信费（百十万千百十元角分）	水电费	工资费用	工资福利费	差旅费		
2	购买办公用品							
4	报销招待费							
10	报销差旅费					230000		
16	购买办公用品							
20	报销话费	350000						
28	分摊水电费		560000					
30	计提工资			3200000				
30	计提福利费				448000			
30	计提折旧							
30	费用结转	350000	560000	3200000	448000	230000		
31	本月合计							

图 2－41　多栏式明细分类账

五、财务报告编制规范及示例

（一）财务报告编制规范

财务报告是一个单位向有关方面和国家有关部门提供财务状况和经营成果的书面文件。财务报告包括财务报表及其说明。

编制财务报告，是对会计核算工作的全面总结，也是及时提供合法、真实、准确、完整会计信息的重要环节。实际工作中存在的会计信息失真问题，很大程度上是在编制财务报告环节有意违纪或发生技术性差错造成的。因此，必须严格要求财务报表的编制程序和质量。

财务报告的编制应遵循以下规定：

（1）各单位必须按照国家统一的会计制度规定定期编制财务报告。财务报告可以分月度、季度、半年度、年度等编制。对外报送的财务报告的格式、编制要求、报送期限应当符合国家有关规定；单位内部使用的财务报告，其格式和要求由各单位自行规定。

（2）财务报表应当根据登记完整、核对无误的会计账簿记录和其他有关资料编制，做到数字真实、计算准确、内容完整、说明清楚。任何人不得篡改或者授意、指使、强令他人篡改财务报表数字。

（3）财务报表之间、财务报表各项目之间，凡有对应关系的数字，应当相互一致。

（4）单位领导人对报送的财务报告的合法性、真实性负法律责任。

（5）根据法律和国家有关规定应当对财务报告进行审计的，财务报告编制单位应当先行委托注册会计师进行审计，并将注册会计师出具的审计报告同财务报告一并报送有关部门。

（二）资产负债表编制规范及示例

资产负债表是反映企业在某一特定日期财务状况的报表。

资产负债表的结构格式为账户式，包括左右两方，左方反映资产，右方反映负债和所有者权益，见表2-4。

表2-4　资产负债表

会企01表

编制单位：　　　　　　　　　　____年____月____日　　　　　　　　　　单位：元

资产	期末余额	年初余额	负债和所有者权益（或股东权益）	期末余额	年初余额
流动资产：			流动负债：		
货币资金			短期借款		
交易性金融资产			交易性金融负债		

续表

资产	期末余额	年初余额	负债和所有者权益（或股东权益）	期末余额	年初余额
衍生金融资产			衍生金融负债		
应收票据			应付票据		
应收账款			应付账款		
应收款项融资			预收款项		
预付款项			合同负债		
其他应收款			应付职工薪酬		
存货			应交税费		
合同资产			其他应付款		
持有待售资产			持有待售负债		
一年内到期的非流动资产			一年内到期的非流动负债		
其他流动资产			其他流动负债		
流动资产合计			流动负债合计		
非流动资产：			非流动负债：		
债权投资			长期借款		
其他债权投资			应付债券		
长期应收款			其中：优先股		
长期股权投资			永续债		
其他权益工具投资			租赁负债		
其他非流动金融资产			长期应付款		
投资性房地产			预计负债		
固定资产			递延收益		
在建工程			递延所得税负债		
生产性生物资产			其他非流动负债		
油气资产			非流动负债合计		
使用权资产			负债合计		
无形资产			所有者权益（或股东权益）：		
开发支出			实收资本（或股本）		
商誉			其他权益工具		
长期待摊费用			其中：优先股		

续表

资产	期末余额	年初余额	负债和所有者权益（或股东权益）	期末余额	年初余额
递延所得税资产			永续债		
其他非流动资产			资本公积		
非流动资产合计			减：库存股		
			其他综合收益		
			专项储备		
			盈余公积		
			未分配利润		
			所有者权益（或股东权益）合计		
资产总计			负债和所有者权益（或股东权益）总计		

1. 资产负债表编制规范

（1）年初余额栏的填列方法。资产负债表“年初余额”栏内各项数字，应根据上年末资产负债表“期末余额”栏内所列数字填列。如果上年度资产负债表规定的各个项目的名称和内容同本年度不一致，应对上年年末资产负债表各项目的名称和数字按照本年度的规定进行调整，填入表中“年初余额”栏内。

（2）期末余额栏的填列方法。资产负债表“期末余额”栏内各项数字一般应根据资产、负债和所有者权益类科目的期末余额填列。主要包括以下方式：

1）根据总账科目余额直接填列。资产负债表中的一些项目，可直接根据有关总账科目的余额填列。如“交易性金融资产”“短期借款”“应付职工薪酬”等项目。

2）根据总账科目余额分析计算填列。资产负债表中的一些项目需要根据若干个总账科目的期末余额计算填列。如“货币资金”项目，需要根据“库存现金”“银行存款”“其他货币资金”三个总账科目的期末余额的合计数填列；“存货”项目，需要根据“原材料”“库存商品”“委托加工物资”“周转材料”“材料采购”“在途物资”“发出商品”“材料成本差异”等总账科目期末余额的分析汇总数，减去“存货跌价准备”科目余额后的净额填列；“未分配利润”项目，应根据“本年利润”“利润分配”账户的期末余额计算填列。

3）根据明细账科目余额分析计算填列。资产负债表中的一些项目不能根据总账科目的期末余额或若干个总账科目的期末余额直接或计算填列，而需要根据有关总账科目所属的明细账科目的期末余额计算填列。如“应付账款”项目，需要根据“应付账款”“预付款项”两个科目所属的相关明细账科目的期末贷方余额计算填列。

4）根据总账科目和明细账科目余额分析计算填列。资产负债表中的一些项目既不能根据有关总账科目的期末余额直接或计算填列，也不能根据有关总账科目所属的明细账科目的期末余额计算填列，而需要根据总账科目和明细账科目余额分析计算填列。如“长期借款”项目，需要根据“长期借款”总账科目余额扣除“长期借款”科目所属的明细账科目中将在一年内到期且企业不能自主地将清偿义务展期的长期借款后的金额计算填列。

5）根据有关科目余额减去其备抵科目余额后的净额填列。如“固定资产”项目，应当根据“固定资产”科目的期末余额减去“累计折旧”“固定资产减值准备”备抵科目余额后的净额填列等。

此外，资产负债表中资产项目的金额大多是根据资产类账户的借方余额填列，如果出现贷方余额，则以“—”表示；负债项目的金额大多是根据负债类账户的贷方余额填列，如果出现借方余额，也可以用“—”表示；“未分配利润”如果是未弥补亏损，也可以用“—”表示。

2. 资产负债表编制示例

陕西华海商贸有限公司 2024 年 7 月末各有关总账和相关明细账余额资料如表 2-5 所示。

表 2-5　陕西华海商贸有限公司 2024 年 7 月末账户余额表

账户名称	期初余额	
	借方	贷方
固定资产	628 000	
原材料	349 000	
生产成本	36 000	
库存商品	50 000	
库存现金	550	
银行存款	76 000	
应收账款	8 000	
利润分配	95 700	
无形资产	7 500	
其他货币资金	500	
其他应收款	550	
实收资本		491 000
累计折旧		230 000
应付利息		4 400
短期借款		41 000
应付账款		12 000
盈余公积		50 000
资本公积		218 000
应交税费		39 650
本年利润		158 000
应付职工薪酬		7 000
其他应付款		750
合计	1 251 800	1 251 800

续表

有关明细资料如下： （1）应收账款——华丰贸易公司（借方）余额为10 000元。 （2）应收账款——琛鲲贸易公司（贷方）余额为2 000元。 （3）应付账款——富华铝业公司（贷方）余额为12 000元。 （4）其他应收款——张海后（借方）余额为550元。 备注： （1）“应收账款”项目需要根据“应收账款”和“预收款项”两个科目所属的相关明细科目的期末借方余额以及与应收账款有关的坏账准备科目的贷方余额计算填列； （2）“预收账款”项目需要根据“应收账款”和“预收款项”两个科目所属的相关明细科目的期末贷方余额计算填列。

根据上述资料，编制陕西华海商贸有限公司2024年7月末的资产负债表，见表2-6。

表2-6　资产负债表

会企01表

编制单位：陕西华海商贸有限公司　　　2024年07月31日　　　单位：元

资产	期末余额	年初余额	负债和所有者权益（或股东权益）	期末余额	年初余额
流动资产：			流动负债：		
货币资金	77 050		短期借款	41 000	
交易性金融资产			交易性金融负债		
衍生金融资产			衍生金融负债		
应收票据			应付票据		
应收账款	10 000		应付账款	12 000	
应收款项融资			预收款项	2 000	
预付款项			合同负债		
其他应收款	550		应付职工薪酬	7 000	
存货	435 000		应交税费	39 650	
合同资产			其他应付款	5 150	
持有待售资产			持有待售负债		
一年内到期的非流动资产			一年内到期的非流动负债		
其他流动资产			其他流动负债		
流动资产合计	522 600		流动负债合计	106 800	
非流动资产：			非流动负债：		
债权投资			长期借款		
其他债权投资			应付债券		
长期应收款			其中：优先股		

续表

资产	期末余额	年初余额	负债和所有者权益（或股东权益）	期末余额	年初余额
长期股权投资			永续债		
其他权益工具投资			租赁负债		
其他非流动金融资产			长期应付款		
投资性房地产			预计负债		
固定资产	398 000		递延收益		
在建工程			递延所得税负债		
生产性生物资产			其他非流动负债		
油气资产			非流动负债合计		
使用权资产			负债合计	106 800	
无形资产	7 500		所有者权益（或股东权益）：		
开发支出			实收资本（或股本）	491 000	
商誉			其他权益工具		
长期待摊费用			其中：优先股		
递延所得税资产			永续债		
其他非流动资产			资本公积	218 000	
非流动资产合计	405 500		减：库存股		
			其他综合收益		
			专项储备		
			盈余公积	50 000	
			未分配利润	62 300	
			所有者权益（或股东权益）合计	821 300	
资产总计	928 100		负债和所有者权益（或股东权益）总计	928 100	

（三）利润表编制规范及示例

利润表是反映企业在一定会计期间的经营成果的财务报表。利润表结构见表 2－7。

表2-7 利润表

会企02表

编制单位：　　　　　　　　　　　　____年____月　　　　　　　　　　　　单位：元

项目	本期金额	上期金额
一、营业收入		
减：营业成本		
税金及附加		
销售费用		
管理费用		
研发费用		
财务费用		
其中：利息费用		
利息收入		
加：其他收益		
投资收益（损失以“—”号填列）		
其中：对联营企业和合营企业的投资收益		
以摊余成本计量的金融资产终止确认收益（损失以“—”号填列）		
净敞口套期收益（损失以“—”号填列）		
公允价值变动收益（损失以“—”号填列）		
信用减值损失（损失以“—”号填列）		
资产减值损失（损失以“—”号填列）		
资产处置收益（损失以“—”号填列）		
二、营业利润（亏损以“—”号填列）		
加：营业外收入		
减：营业外支出		
三、利润总额（亏损总额以“—”号填列）		
减：所得税费用		
四、净利润（净亏损以“—”号填列）		
（一）持续经营净利润（净亏损以“—”号填列）		
（二）终止经营净利润（净亏损以“—”号填列）		
五、其他综合收益的税后净额		
（一）不能重分类进损益的其他综合收益		
1. 重新计量设定受益计划变动额		
2. 权益法下不能转损益的其他综合收益		
3. 其他权益工具投资公允价值变动		

续表

项目	本期金额	上期金额
4. 企业自身信用风险公允价值变动		
……		
（二）将重分类进损益的其他综合收益		
1. 权益法下可转损益的其他综合收益		
2. 其他债权投资公允价值变动		
3. 金融资产重分类计入其他综合收益的金额		
4. 其他债权投资信用减值准备		
5. 现金流量套期储备		
6. 外币财务报表折算差额		
……		
六、综合收益总额		
七、每股收益：		
（一）基本每股收益		
（二）稀释每股收益		

利润表可以反映企业一定会计期间的收入实现情况，如实现的营业收入、投资收益、营业外收入等；可以反映企业一定会计期间的费用支出情况，如营业成本、销售费用、管理费用、财务费用、营业外支出等；可以反映企业生产经营活动的成果，即净利润的实现情况。

1. 利润表编制规范

利润表是一张动态报表，反映会计主体在某一期间的盈利情况，因而其数据来源于损益类账户（或称“虚账户”）的本期发生额。表内各项目的填列方法一般有三种：

（1）根据总账各有关账户的本年发生额（净额）填列。其中，收入类项目根据账户的本期贷方发生额填列，如营业收入、投资收益、营业外收入等。成本费用类项目根据有关账户的本期借方发生额（净额）填列，如营业成本、销售费用、税金及附加、管理费用、财务费用、营业外支出等。

（2）根据总账两个有关账户的本年内发生额相抵减后的净额填列。如投资收益项目应根据投资收益账户本年内贷方累计发生额减去投资收益账户本年内借方累计发生额后的贷方净额填列，如出现借方净额即为投资损失，应以负数填列。

（3）根据利润表中有关项目数字计算填列。

多步式利润表计算当期损益的过程如下：

（1）营业利润＝营业收入－营业成本－税金及附加－管理费用－财务费用－销售费用等。

（2）利润总额＝营业利润＋营业外收入－营业外支出。

（3）净利润＝利润总额－所得税费用。

2. 利润表编制示例

2024年7月陕西华海商贸有限公司损益类科目发生额如表2-8所示。

表2-8　2024年7月陕西华海商贸有限公司损益类科目发生额　　单位：元

科目名称	借方发生额	贷方发生额
主营业务收入		12 000 000
主营业务成本	11 000 600	
其他业务收入		138 000
其他业务成本	105 000	
税金及附加	120 500	
销售费用	240 200	
管理费用	223 000	
财务费用	28 300	
营业外收入		54 500
营业外支出	64 500	

根据上述资料，编制陕西华海商贸有限公司2024年7月利润表，见表2-9。

表2-9　利润表

会企02表

编制单位：陕西华海商贸有限公司　　2024年7月　　单位：元

项目	本期金额	上期金额
一、营业收入	12 138 000	
减：营业成本	11 105 600	
税金及附加	120 500	
销售费用	240 200	
管理费用	223 000	
研发费用		
财务费用	28 300	
其中：利息费用		
利息收入		
加：其他收益		
投资收益（损失以“—”号填列）		
其中：对联营企业和合营企业的投资收益		
以摊余成本计量的金融资产终止确认收益（损失以“—”号填列）		

续表

项目	本期金额	上期金额
净敞口套期收益（损失以"—"号填列）		
公允价值变动收益（损失以"—"号填列）		
信用减值损失（损失以"—"号填列）		
资产减值损失（损失以"—"号填列）		
资产处置收益（损失以"—"号填列）		
二、营业利润（亏损以"—"号填列）	420 400	
加：营业外收入	54 500	
减：营业外支出	64 500	
三、利润总额（亏损总额以"—"号填列）	410 400	
减：所得税费用	102 600	
四、净利润（净亏损以"—"号填列）	307 800	
（一）持续经营净利润（净亏损以"—"号填列）		
（二）终止经营净利润（净亏损以"—"号填列）		
五、其他综合收益的税后净额	—	
（一）不能重分类进损益的其他综合收益	—	
1. 重新计量设定受益计划变动额		
2. 权益法下不能转损益的其他综合收益		
3. 其他权益工具投资公允价值变动		
4. 企业自身信用风险公允价值变动		
……		
（二）将重分类进损益的其他综合收益	—	
1. 权益法下可转损益的其他综合收益		
2. 其他债权投资公允价值变动		
3. 金融资产重分类计入其他综合收益的金额		
4. 其他债权投资信用减值准备		
5. 现金流量套期储备		
6. 外币财务报表折算差额		
……		
六、综合收益总额		
七、每股收益：		
（一）基本每股收益		
（二）稀释每股收益		

第 3 章

模拟企业概况及会计核算要求[①]

一、模拟企业概况

（一）企业基本情况

企业名称：陕西永旭能源科技有限公司

法人代表：张伟明

注册资金：人民币 2000 万元

公司地址：陕西省西安市高新区科技五路 39 号

公司电话：（029）85687329

企业类型：其他有限责任公司

成立时间：2024 年 7 月 1 日

增值税纳税人：一般纳税人

纳税人识别号/统一社会信用代码：91610104847G93X232

基本存款账户：中国工商银行西京路支行，账号：3202837409372108472

一般存款账户：中国建设银行汉唐路支行，账号：61005018396730289362

经营范围：太阳能光伏产品制造商，产品涵盖太阳能电池板、太阳能充电器

预留印鉴：

公司章

财务专用章

发票专用章

法人章

① 本章模拟企业和相关企业与机构信息为虚拟。

（二）企业组织结构及生产经营情况

企业组织结构如图3－1所示。

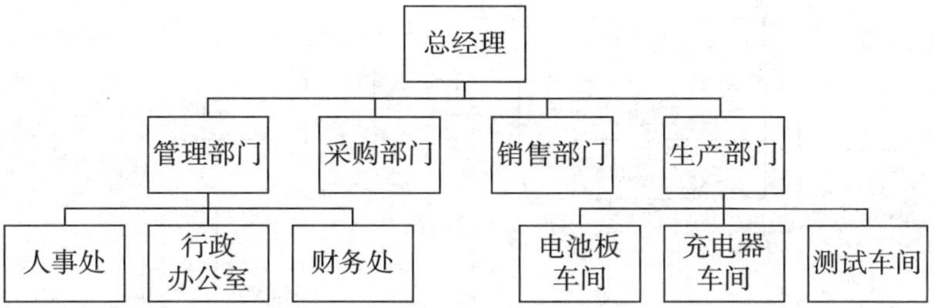

图3－1　企业组织结构

生产部门及产品如表3－1。

表3－1　生产部门及产品

生产部门		产品
生产车间	电池板车间	太阳能电池板
	充电器车间	太阳能充电器
辅助车间	测试车间	

二、模拟企业的会计制度

（1）实行一级核算，全部会计核算由企业财务处负责。

（2）采用科目汇总表会计核算形式（见图3－2），科目汇总表每月汇总两次。

①根据原始凭证或原始凭证汇总表填制记账凭证；

②根据收款凭证、付款凭证逐笔登记现金日记账、银行存款日记账；

③根据原始凭证和记账凭证逐笔登记各种明细账；

④根据记账凭证定期编制科目汇总表；

⑤根据科目汇总表汇总登记总账；

⑥月末，将总账与现金日记账、银行存款日记账进行核对；

⑦月末，将总账与明细账进行核对；

⑧月末，在账账核对无误的基础上，根据总账和明细账的记录编制财务报表。

（3）记账凭证采用收款凭证、付款凭证、转账凭证三种形式。

（4）以人民币为记账本位币，原材料按计划成本计价核算，存货按实际成本计价，发出存货计价方法采用先进先出法。

（5）全部材料、半成品的采购、销售价格均不含增值税。

（6）产品成本核算采用品种法，成本项目包括：直接材料、直接人工、制造费用。

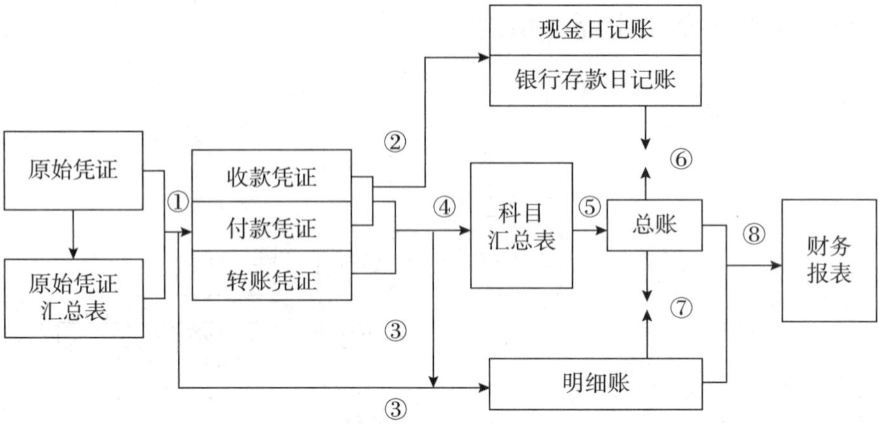

图3-2　科目汇总表会计核算形式

（7）为一般纳税人，增值税税率为13%，城市维护建设税税率为7%，教育费附加税率为3%，企业所得税税率为25%，该企业未计提坏账准备金。

（8）相关数据计算至小数点后两位。

三、模拟企业会计核算要求

（1）企业自7月成立至9月为企业筹建期间，假设该期间企业的全部经济业务均发生在9月，以便于集中反映企业筹建期间的相关业务，有利于进行实训。从10月开始投产起，企业进入正常经营期间。

（2）企业筹建期间除购建固定资产、原材料之外，其他支出均计入“管理费用——开办费”账户，包括筹建期间人员薪资、利息支出和手续费等。“管理费用”账户按“职工薪酬”“差旅费”“办公费”“业务招待费”“折旧费”“无形资产摊销”“修理费”“水电费”“税费”“其他”等栏目设置明细账，采用多栏式账页登记账簿。

（3）原材料按计划成本核算，设置“材料采购”“原材料”“材料成本差异”账户。

1）“原材料”账户按“原料及主要材料”“辅助材料”设置二级明细账户，按材料名称设置三级明细账户。

2）“材料采购”账户按材料名称设置明细账户，采购费用按购进材料的重量进行分配。

3）“材料成本差异”账户只设总账，不设明细账。原材料在购进材料入库时，逐笔结转材料成本差异；原材料在平时发出时，不进行账务处理，月末汇总计算材料成本差异，并进行结转。原材料采用数量金额式账页登记账簿。企业生产使用的原材料及计划单价如表3-2所示。

表3-2 原材料及计划单价

类别及名称		计量单位	计划单价（元）
原料及主要材料	硅片	个	1 000
	玻璃	平方米	5
	铜丝	米	10
	稀土元素	毫克	680
	背板材料	块	20
	充电控制电路	套	200
	蓄电池	个	240
辅助材料	铝框	米	5
	绝缘材料	千克	30

(4) 周转材料按实际成本核算，设置“周转材料”一级科目，按“低值易耗品”“包装物”设置二级明细，按材料名称设置三级明细。周转材料发出采用全月一次加权平均法计价，领用时采用一次摊销法进行摊销。周转材料采用数量金额式账页。企业生产使用的周转材料及计划单价如表3-3所示。

表3-3 周转材料及计划单价

类别及名称		计量单位	计划单价（元）
低值易耗品	工作服	套	100
包装物	包装箱	个	10

(5)“固定资产”账户按“房屋”“机器设备”“运输设备”“管理设备”设置二级明细账，按固定资产的名称设置三级明细账及固定资产卡片。

(6) 产品成本计算采用品种法，设置“基本生产成本”一级科目，按产品名称设置二级明细，按照“直接材料”“直接人工”“制造费用”三个成本项目进行明细核算，采用多栏式账页登记账簿。车间生产发生的共同耗用费用，按产品产量进行分配计入各产品成本。各种费用分配率保留两位小数，尾差由最后的项目负担。月末没有在产品，若车间领用的原材料未投入生产，应在月末办理退料手续。

(7)“制造费用”账户按“材料费”“人工费”“折旧费”“水电费”“其他”等栏目进行明细核算，采用多栏式账页登记账簿。月末，按产品产量比例在各产品之间分配。

(8)“库存商品”按实际成本核算，库存商品采用全月一次加权平均法计价。“库存商品”账户按产品名称设置明细账，采用数量金额式账页登记账簿。

(9) 固定资产折旧采用直线法，采用分类折旧率，房屋年折旧率为4.8%，车间生产设备年折旧率为6%，运输设备年折旧率为10%，管理设备年折旧率为12%。无形资产按直线法摊销，商标权使用年限为10年。

(10)“主营业务收入”“主营业务成本”按商品名称设置明细账。采用三栏式账页登记账簿。

（11）“销售费用”账户按“职工薪酬”“运输费”“展览费”广告费”“租赁费”“修理费”“水电费”折旧费”“其他”等栏目进行明细核算，采用多栏式账页登记账簿。

（12）“财务费用”账户按“利息支出”（利息收入冲减利息支出）、“现金折扣”、“手续费”等栏目进行明细核算，采用多栏式账页登记账簿。

（13）“应付职工薪酬”账户按“工资”“职工福利”“社会保险费”“住房公积金”“工会经费”“职工教育经费”等栏目进行明细核算。企业应负担缴纳的职工社会保险费，包括基本养老保险费、失业保险费、基本医疗保险费和住房公积金，其计提标准分别为工资总额的16%、0.7%、8%和5%。职工福利费平时不计提，实际发生后据实反映。工会经费按工资总额的2%计提。职工教育经费按工资总额的8%计提。企业代扣代缴职工个人负担的基本养老保险费、失业保险费、基本医疗保险费和住房公积金的计提标准分别为工资总额的8%、0.3%、2%和5%。

（14）企业所得税税率为25%，城市维护建设税税率为7%，教育费附加税率为3%，地方教育附加税率为2%。

（15）分别按净利润的10%、5%提取法定盈余公积、任意盈余公积金。

四、相关企业和机构详细资料

在填制原始凭证时参考的相关企业和机构详细资料见表3-4。

表3-4　相关企业和机构详细资料

单位名称	详细信息
陕西兴远硅片技术有限公司	地址：陕西省汉中市汉台区汉江路21号 开户行：中国工商银行汉中分行 账号：3100783090567078091 统一社会信用代码：91872004847G93X710
华耀玻璃工业集团股份有限公司	地址：陕西省西安市长安区上林苑路21号 开户行：中国工商银行长安分行 账号：3176193727610818729 统一社会信用代码：91983704327G933987
西北通达金属材料有限公司	地址：陕西省西安市未央区红旗路54号 开户行：中国工商银行未央分行 账号：3122783738569818092 统一社会信用代码：98360109827F93X426
北京稀有新材料有限公司	地址：北京市朝阳区朝阳路东八里庄106号 开户行：中国工商银行北京分行 账号：3176103738399818081 统一社会信用代码：1936010447G93Z512

续表

单位名称	详细信息
西安兴盛材料有限公司	地址：陕西省西安市碑林区西工大路 41 号 开户行：中国工商银行西工大分行 账号：3198103737316817683 统一社会信用代码：47120106578G93X539
南京盈科电气有限公司	地址：江苏省南京市高新区秦淮路 39 号 开户行：中国工商银行秦淮分行 账号：3167213729816817663 统一社会信用代码：78420103637G93X456
西安昌明电源有限公司	地址：陕西省西安市长安区航天基地神舟大道 18 号 开户行：中国工商银行航天分行 账号：3162973727610815219 统一社会信用代码：91610104627G93A678
西安尚品五金劳保店	地址：陕西省西安市鄠邑区丰京路 55 号 开户行：中国工商银行丰京分行 账号：3265973724829811988 统一社会信用代码：91320158347G93X271
咸阳百来包装制品厂	地址：陕西省西咸新区沣西新城统一大道 45 号 开户行：中国工商银行统一大道分行 账号：3178233766530810911 统一社会信用代码：91610294887G9SJ628
陕西恒运投资有限公司	地址：陕西省西安市新城区皇城西路 12 号 开户行：中国工商银行皇城西路分行 账号：3482938729530818428 统一社会信用代码：91935394D87G9SJ391
陕西中惠实业发展有限公司	地址：陕西省西安市雁塔区雁南五路 21 号 开户行：中国工商银行雁塔分行 账号：3482938234530818951 统一社会信用代码：71932394D87G9SJ309
陕西宏达新能源科技有限公司	地址：陕西省西安市莲湖区莲湖路 19 号 开户行：中国工商银行莲湖分行 账号：3463828729942018432 统一社会信用代码：61638294A8C49SJ873
陕西红日能源科技有限公司	地址：陕西省西安市碑林区长安北路 33 号 开户行：中国工商银行城南分行 账号：3463828729942018432 统一社会信用代码：67399294V8C54SJ543
陕西捷达运输有限公司	地址：陕西省西安市未央区秦汉大道 15 号 开户行：中国工商银行秦汉分行 账号：3464128721947018401 统一社会信用代码：68729273V8C54SJ960

续表

单位名称	详细信息
武汉捷达运输服务有限公司	地址：湖北省武汉市东西湖区东吴大道55号 开户行：中国工商银行东吴分行 账号：3764126127947014190 统一社会信用代码：65415823V3C54SJ002
陕西星星汽车销售服务有限公司	地址：陕西省西安市未央区阿房宫大道29号 开户行：中国工商银行阿房宫分行 账号：3702320809200026807 统一社会信用代码：91610257081765320N
西安自来水公司	地址：陕西省西安市雁塔区吉祥路66号 开户行：西安银行太白路支行 账号：3663828739742024431 统一社会信用代码：61393244V8C58SJ556
西安电力公司	地址：陕西省西安市雁塔区太白南路57号 开户行：西安银行太白路支行 账号：2664828739742924270 统一社会信用代码：61453644V8H58SJ589
西安盛名广告有限公司	地址：陕西省西安市碑林区机场路18号 开户行：中国工商银行航空分行 账号：2764878739742724290 统一社会信用代码：69443644V8H67SJ512
西安福来餐饮公司	地址：陕西省西安市高新区科技路11号 开户行：中国工商银行科技路支行 账号：5768778739742724861 统一社会信用代码：69213649V8H67SJ678
陕西太阳能公司	地址：陕西省西安市莲湖区大庆路59号 开户行：中国工商银行城西分行 账号：2544878768742724961 统一社会信用代码：65413660V8H67SJ123
中国石油西周大道加油站	地址：陕西省西安市西咸新区西周大道88号 开户行：中国工商银行西周大道分行 账号：2588878768742724096 统一社会信用代码：67813660V8H67SJ345
中国海鸥股份有限公司西安分公司	地址：陕西省西安市莲湖区北关正街55号 开户行：中国工商银行城北分行 账号：2533878768742724538 统一社会信用代码：68013610V8H37SJ654
西安国际会展中心	地址：陕西省西安市灞桥区会展一路22号 开户行：中国工商银行城南分行 账号：2513871268742724350 统一社会信用代码：68913610V8H37SJ321

续表

单位名称	详细信息
陕西百货商贸有限公司	地址：陕西省西安市碑林区东大街 03 号 开户行：中国工商银行钟楼分行 账号：2926473739742724679 统一社会信用代码：7891361048H37SJ543
陕西华丽电器有限公司	地址：陕西省西安市雁塔区长安南路 22 号 开户行：中国工商银行雁塔分行 账号：2724978739742724852 统一社会信用代码：7231367048H37SJ953
西安鑫莱电源有限公司	地址：陕西省西安市雁塔区小寨东路 66 号 开户行：中国工商银行博物馆分行 账号：2728778739742724740 统一社会信用代码：7265367048H37SJ971
陕西腾飞数码科技有限公司	地址：陕西省西安市未央区凤城六路 99 号 开户行：中国工商银行阿房宫分行 账号：2725778739742726512 统一社会信用代码：68358273V3C54SJ621
陕西信永会计师事务所	地址：陕西省西安市新城区长乐西路 89 号 开户行：中国工商银行城墙东分行 账号：2135778739742754510 统一社会信用代码：63298273V3C54SJ742
希望工程基金会	地址：陕西省西安市碑林区西大街 56 号 开户行：中国工商银行鼓楼分行 账号：2135741739742754896 统一社会信用代码：63778273V3C54SJ753
中国工商银行西京路支行	地址：陕西省西安市碑林区西京路 34 号 开户行：中国工商银行西京路支行 账号：1135741350742754851 统一社会信用代码：63778273V3C54SJ753
陕西京鼎置业有限公司	地址：陕西省西安市雁塔区曲江路 41 号 开户行：中国工商银行曲江分行 账号：3567255729816828556 统一社会信用代码：65322103637G93X552
西安市社会保险管理中心	地址：陕西省西安市雁塔区雁塔南路 33 号 开户行：中国工商银行大雁塔分行 账号：3567258929816828361 统一社会信用代码：65326703637793X631
西安市住房公积金管理中心	地址：陕西省西安市雁塔区雁塔北路 55 号 开户行：中国工商银行小雁塔分行 账号：3532255729816828094 统一社会信用代码：68322103637G93X793
湖北省武汉长冶兴隆宾馆	地址：湖北省武汉市武昌区解放路 25 号 开户行：中国工商银行黄鹤楼分行 账号：2724945639742724859 统一社会信用代码：654158273V3C54SJ02

五、实验程序与要求

（一）前期准备工作

在开始本模拟实验之前，要认真阅读本书第1章和第2章的内容。深入研究课程要求，细致了解会计核算工作的规范和具体要求，做到心中有数。

对相关理论知识进行温习巩固，确保理论基础扎实。同时，要对会计模拟实验的流程和方法形成清晰的认识，以便在模拟实验过程中能够迅速适应。与同学组成学习小组，相互探讨和交流，互相启发，拓宽思路。提前熟悉实验所需的软件和工具，进行必要的操作练习，提高实际操作能力。

（二）实训内容及工作流程

1. 启用账簿（建账）

（1）启用现金日记账、银行存款日记账和相应的明细账。企业筹建期间的期初余额为0，据此登记现金日记账、银行存款日记账和相应明细账的期初余额。

（2）启用总账。可使用口取纸，根据企业涉及的所有总账科目开设账户，预留账页，并登记期初余额。

2. 填制并审核原始凭证

将第5章提供的相关原始凭证，按凭证版面大小裁剪下来，按业务顺序排列后进行填制和审核。

3. 填制审核记账凭证

在掌握经济业务的会计处理和记账凭证的编制方法的基础上，按收、付、转三类编制记账凭证，并将裁剪的原始凭证附在记账凭证之后。

4. 登记现金日记账、银行存款日记账和有关明细账

根据审核无误的记账凭证及相关原始凭证逐日逐笔登记现金日记账、银行存款日记账和有关明细账，熟悉并掌握账簿的处理方法以及账簿的登记方法。

5. 登记总账

根据审核无误的记账凭证定期（15天）编制科目汇总表，并根据科目汇总表登记总账，熟悉并掌握科目汇总表的编制方法和总账的登记方法。

6. 结账与对账

（1）月末，在全部业务入账的基础上进行各账簿的月结工作。

（2）月末，根据有关账簿记录进行对账工作，确保账证相符、账实相符，掌握对账及错账更正方法。

7. 编制财务报表

月末，根据总账和明细账等有关资料，编制财务报表；实验要求只编制该企业的资产负债表和利润表。资产负债表应填写“年初余额”和“期末余额”；利润表应填写“本期金额”和“上期金额”。

8. 会计档案的整理、加工、装订

月末，将记账凭证（附原始凭证）、会计账簿、财务报表整理后加具封面，装订成册，归档保管。

六、实训结束提交的作业内容

实训结束提交的作业内容见表3-5。

表3-5　实训结束提交的作业内容

作业1	9月记账凭证及所附原始凭证，按业务顺序号排列，加科目汇总表、加封面装订1册 10月记账凭证及所附原始凭证，按业务顺序号排列，加科目汇总表、加封面装订1册
作业2	9月、10月现金日记账、银行存款日记账加封面装订1册
作业3	9月明细账按三栏式、数量金额式、多栏式排列加封面装订1册 10月明细账按三栏式、数量金额式、多栏式排列加封面装订1册
作业4	9月、10月总账加封面装订1册
作业5	9月、10月报表加封面装订1册

第4章

模拟企业经济业务及账务处理要求与提示

一、筹建期间经济业务及账务处理要求与提示

业务1：9月1日，收到陕西恒运投资有限公司投资资金1 000万元。

账务处理要求与提示：根据原始凭证编制记账凭证，借记“银行存款——工行”账户，贷记“实收资本——陕西恒运投资有限公司”账户。

业务2：9月2日，收到陕西中惠实业发展有限公司投资厂房一栋。

账务处理要求与提示：根据原始凭证编制记账凭证，借记“固定资产——房屋（电池板车间厂房）”“固定资产——房屋（充电器车间厂房）”账户，贷记“实收资本——陕西中惠实业发展有限公司”账户。

业务3：9月3日，收到陕西宏达新能源科技有限公司投入太阳能电池板生产线和货币资金。

账务处理要求与提示：根据原始凭证编制记账凭证，借记“固定资产——机器设备（太阳能电池板生产线）”“应交税费——应交增值税（进项税额）”“银行存款——工行”账户，贷记“实收资本——陕西宏达新能源科技有限公司”账户。

业务4：9月4日，向中国工商银行西京路支行借款100万元。

账务处理要求与提示：根据原始凭证编制记账凭证，借记“银行存款——工行”账户，贷记“短期借款——工行”账户。

业务5：9月5日，向中国建设银行汉唐路支行借款300万元。

账务处理要求与提示：根据原始凭证编制记账凭证，借记“银行存款——建行”账户，贷记“长期借款——建行”账户。

业务6：9月6日，购入需要安装的太阳能充电器生产线。

账务处理要求与提示：（1）将转账支票填写完整。（2）根据原始凭证编制记账凭证，借记“在建工程——太阳能充电器生产线”“应交税费——应交增值税（进项税额）”账户，贷记“银行存款——工行”账户。

业务 7：9 月 7 日，购入 2 辆大货车，1 辆供采购部门采购材料使用，1 辆供销售部门送货使用。

账务处理要求与提示：根据原始凭证编制记账凭证，借记“固定资产——运输设备（多用途货车）”“应交税费——应交增值税（进项税额）”账户，贷记“银行存款——工行”账户。

业务 8：9 月 8 日，购入 1 辆轿车，供行政办公室使用。

账务处理要求与提示：根据原始凭证编制记账凭证，借记“固定资产——运输设备（红旗轿车）”“应交税费——应交增值税（进项税额）”账户，贷记“银行存款——工行”账户。

业务 9：9 月 9 日，购入 20 台办公电脑。

账务处理要求与提示：根据原始凭证编制记账凭证，借记“固定资产——管理设备（办公电脑）”“应交税费——应交增值税（进项税额）”账户，贷记“银行存款——工行”账户。

业务 10：9 月 10 日，购买办公用品。

账务处理要求与提示：根据原始凭证编制记账凭证，借记“管理费用——开办费”“应交税费——应交增值税（进项税额）”账户，贷记“银行存款——工行”账户。

业务 11：9 月 11 日，从银行提取备用金 10 000 元。

账务处理要求与提示：（1）将现金支票填写完整。（2）根据原始凭证编制记账凭证，借记“库存现金”账户，贷记“银行存款——工行”账户。

业务 12：9 月 12 日，办理营业执照。

账务处理要求与提示：免费办理。

业务 13：9 月 12 日，办理税务登记。

账务处理要求与提示：免费办理。

业务 14：9 月 13 日，支付陕西信永会计师事务所验资费。

账务处理要求与提示：根据原始凭证编制记账凭证，借记“管理费用——开办费”“应交税费——应交增值税（进项税额）”账户，贷记“银行存款——工行”账户。

业务 15：9 月 14 日，申请银行汇票。

账务处理要求与提示：根据原始凭证编制记账凭证，借记“其他货币资金——银行汇票”账户，贷记“银行存款——工行”账户。

业务 16：9 月 15 日，从陕西兴远硅片技术有限公司购入硅片。

账务处理要求与提示：（1）根据原始凭证编制记账凭证，借记“材料采购——硅片”“应交税费——应交增值税（进项税额）”账户，贷记“银行存款——工行”账户。（2）借记“管理费用——开办费”，贷记“银行存款——工行”账户。（3）借记“原材料——原料及主要材料（硅片）”“材料成本差异”，贷记“材料采购——硅片”账户。

业务 17：9 月 16 日，从华耀玻璃工业集团股份有限公司购入玻璃材料。

账务处理要求与提示：（1）根据原始凭证编制记账凭证，借记“材料采购——玻璃”“应交税费——应交增值税（进项税额）”账户，贷记“应付票据——华耀玻璃工业集团股份有限公司”账户。（2）借记“管理费用——开办费”，贷记“银行存款——工行”账户。

业务18：9月17日，从西北通达金属材料有限公司购入铜丝和铝框。

账务处理要求与提示：（1）根据原始凭证编制记账凭证，借记“材料采购——铜丝”“材料采购——铝框”“应交税费——应交增值税（进项税额）”账户，贷记“应付账款——西北通达金属材料有限公司”账户。（2）借记“原材料——原料及主要材料（铜丝）”“原材料——辅助材料（铝框）”，贷记“材料采购——铜丝”“材料采购——铝框”“材料成本差异”账户。

业务19：9月18日，从北京稀有新材料有限公司购入稀土元素。

账务处理要求与提示：（1）根据原始凭证编制记账凭证，借记“材料采购——稀土元素”“应交税费——应交增值税（进项税额）”账户，贷记“其他货币资金——银行汇票”账户。（2）借记“银行存款——工行”，贷记“其他货币资金——银行汇票”账户。（3）借记“原材料——原料及主要材料（稀土元素）”，贷记“材料采购——稀土元素”“材料成本差异”账户。

业务20：9月19日，验收玻璃材料入库。

账务处理要求与提示：根据原始凭证编制记账凭证，借记“原材料——原料及主要材料（玻璃）”，贷记“材料采购——玻璃”“材料成本差异”账户。

业务21：9月20日，从西安兴盛材料有限公司购入背板材料和绝缘材料。

账务处理要求与提示：（1）根据原始凭证编制记账凭证，借记“材料采购——背板材料”“材料采购——绝缘材料”“应交税费——应交增值税（进项税额）”账户，贷记“银行存款——工行”账户。（2）借记“原材料——原料及主要材料（背板材料）”“原材料——辅助材料（绝缘材料）”“材料成本差异”账户，贷记“材料采购——背板材料”“材料采购——绝缘材料”账户。

业务22：9月21日，从西安尚品五金劳保店购入工作服。

账务处理要求与提示：根据原始凭证编制记账凭证，借记“周转材料——低值易耗品（工作服）”“应交税费——应交增值税（进项税额）”账户，贷记“银行存款——工行”账户。

业务23：9月22日，从咸阳百来包装制品厂购进包装箱。

账务处理要求与提示：根据原始凭证编制记账凭证，借记“周转材料——包装物（包装箱）”“应交税费——应交增值税（进项税额）”账户，贷记“银行存款——工行”账户。

业务24：9月23日，安装验收太阳能充电器生产线。

账务处理要求与提示：（1）根据原始凭证编制记账凭证，借记“在建工程——太阳能充电器生产线”“应交税费——应交增值税（进项税额）”账户，贷记“银行存款——工行”账户。（2）借记“固定资产——机器设备（太阳能充电器生产线）”账户，贷记“在建工程——太阳能充电器生产线”账户。

业务 25：9 月 24 日，购置办公楼一栋，可以直接使用。

账务处理要求与提示：根据原始凭证编制记账凭证，借记“固定资产——房屋（办公楼）”“应交税费——应交增值税（进项税额）”账户，贷记“银行存款——工行”账户。

业务 26：9 月 25 日，支付从西北通达金属材料有限公司购买铜丝和铝框的货款。

账务处理要求与提示：根据原始凭证编制记账凭证，借记“应付账款——西北通达金属材料有限公司”账户，贷记“银行存款——工行”账户。

业务 27：9 月 26 日，收到银行的付款通知，支付本月水费。

账务处理要求与提示：根据原始凭证编制记账凭证，借记“管理费用——开办费”“应交税费——应交增值税（进项税额）”账户，贷记“银行存款——工行”账户。

业务 28：9 月 27 日，收到银行的付款通知，支付本月电费。

账务处理要求与提示：根据原始凭证编制记账凭证，借记“管理费用——开办费”“应交税费——应交增值税（进项税额）”账户，贷记“银行存款——工行”账户。

业务 29：9 月 28 日，购买印花税票。

账务处理要求与提示：根据原始凭证编制记账凭证，借记“管理费用——开办费”账户，贷记“银行存款——工行”账户。

业务 30：9 月 29 日，发放 9 月职工工资。

账务处理要求与提示：根据原始凭证编制记账凭证，借记“应付职工薪酬——工资”账户，贷记“银行存款——工行”“其他应付款——社会保险费（个人）”“其他应付款——住房公积金（个人）”账户。

业务 31：9 月 29 日，分配结转本月工资。

账务处理要求与提示：由于本月为筹建期间，工资费用全部计入管理费用。根据原始凭证编制记账凭证，借记“管理费用——开办费”等账户，贷记“应付职工薪酬——工资”账户。

业务 32：9 月 30 日，计提工会经费和职工教育经费。

账务处理要求与提示：根据原始凭证编制记账凭证，借记“管理费用——开办费”账户，贷记“应付职工薪酬——工会经费”“应付职工薪酬——职工教育经费”账户。

业务 33：9 月 30 日，计提社会保险费和住房公积金。

账务处理要求与提示：根据原始凭证编制记账凭证，借记“管理费用——开办费”账户，贷记“应付职工薪酬——社会保险费（单位）”“应付职工薪酬——住房公积金（单位）”账户。

业务 34：9 月 30 日，计提借款利息。

账务处理要求与提示：根据原始凭证编制记账凭证，借记“管理费用——开办费”账户，贷记“应付利息——工行”“应付利息——建行”账户。

业务 35：9 月 30 日，收到银行存款利息入账通知单。

账务处理要求与提示：根据原始凭证编制记账凭证，借记“银行存款——工行”账户，贷记“管理费用——开办费”账户。

业务36：9月30日，结转管理费用，结转本年利润。

账务处理要求与提示：（1）借记“本年利润”账户，贷记“管理费用——开办费”账户。（2）借记“利润分配——未分配利润”账户，贷记“本年利润”账户。

业务37：9月30日，编制资产负债表和利润表并填制增值税纳税申报表。

二、正常经营期间经济业务及账务处理要求与提示

业务1：10月1日，以电汇方式支付货款。

账务处理要求与提示：根据原始凭证编制记账凭证，借记“预付账款——南京盈科电气有限公司”“财务费用——手续费”账户，贷记“银行存款——工行”账户。

业务2：10月2日，从南京盈科电气有限公司购入充电控制电路。

账务处理要求与提示：（1）根据原始凭证编制记账凭证，借记“材料采购——充电控制电路”“应交税费——应交增值税（进项税额）”账户，贷记“预付账款——南京盈科电气有限公司”“应付账款——南京盈科电气有限公司”账户。（2）借记“原材料——原料及主要材料（充电控制电路）”，贷记“材料采购——充电控制电路”“材料成本差异”账户。

业务3：10月3日，从西安昌明电源有限公司购入蓄电池。

账务处理要求与提示：（1）根据原始凭证编制记账凭证，借记“材料采购——蓄电池”“应交税费——应交增值税（进项税额）”账户，贷记“银行存款——工行”账户。（2）借记“原材料——原料及主要材料（蓄电池）”“材料成本差异”账户，贷记“材料采购——蓄电池”账户。

业务4：10月4日，生产领用材料。

账务处理要求与提示：暂不做处理。

业务5：10月5日，支付电视广告费。

账务处理要求与提示：根据原始凭证编制记账凭证，借记“销售费用——广告费”“应交税费——应交增值税（进项税额）”账户，贷记“银行存款——工行”账户。

业务6：10月6日，支付业务招待费。

账务处理要求与提示：根据原始凭证编制记账凭证，餐饮费进项税额不能抵扣，借记“管理费用——业务招待费”账户，贷记“库存现金”账户。

业务7：10月7日，销售部门李思源预借差旅费。

账务处理要求与提示：根据原始凭证编制记账凭证，借记“其他应收款——李思源”账户，贷记“库存现金”账户。

业务8：10月8日，缴纳上月职工个人和企业应负担的社会保险费和住房公积金。

账务处理要求与提示：(1) 根据原始凭证编制记账凭证，借记“应付职工薪酬——社会保险费（单位）”“其他应付款——社会保险费（个人）”账户，贷记“银行存款——工行”账户。(2) 借记“应付职工薪酬——住房公积金（单位）”“其他应付款——住房公积金（个人）”账户，贷记“银行存款——工行”账户。

业务 9：10 月 9 日，从陕西太阳能公司购入商标使用权，使用期限为 8 年。

账务处理要求与提示：根据原始凭证编制记账凭证，借记“无形资产——商标权”“应交税费——应交增值税（进项税额）”账户，贷记“银行存款——工行”账户。

业务 10：10 月 10 日，销售部门李思源报销出差费用。

账务处理要求与提示：(1) 填制差旅费报销单。(2) 根据原始凭证编制记账凭证，借记“销售费用——差旅费”“应交税费——应交增值税（进项税额）”账户，贷记“其他应收款——李思源”“库存现金”账户。

业务 11：10 月 11 日，生产领用材料。

账务处理要求与提示：暂不做处理。

业务 12：10 月 12 日，兑付银行承兑汇票。

账务处理要求与提示：根据原始凭证编制记账凭证，借记“应付票据——华耀玻璃工业集团股份有限公司”账户，贷记“银行存款——工行”账户。

业务 13：10 月 13 日，支付前欠货款。

账务处理要求与提示：根据原始凭证编制记账凭证，借记“应付账款——南京盈科电气有限公司”账户，贷记“银行存款——工行”账户。

业务 14：10 月 14 日，支付公司多功能货车的柴油费。

账务处理要求与提示：根据原始凭证编制记账凭证，借记“销售费用——运输费”“管理费用——其他”“应交税费——应交增值税（进项税额）”账户，贷记“银行存款——工行”账户。

业务 15：10 月 15 日，办公室购买小型茶水机 1 台。

账务处理要求与提示：根据原始凭证编制记账凭证，借记“管理费用——办公费”“应交税费——应交增值税（进项税额）”账户，贷记“银行存款——工行”账户。

业务 16：10 月 16 日，领用周转材料。

账务处理要求与提示：暂不做处理。

业务 17：10 月 17 日，向希望工程捐款 30 000 元。

账务处理要求与提示：根据原始凭证编制记账凭证，借记“营业外支出——捐赠支出”账户，贷记“银行存款——工行”账户。

业务 18：10 月 18 日，计提固定资产折旧费。

账务处理要求与提示：根据原始凭证编制记账凭证，借记“制造费用——电池板（折旧费）”“制造费用——充电器（折旧费）”“管理费用——折旧费”“销售费用——折旧费”账户，贷记“累计折旧”账户。

业务 19：10 月 19 日，计提无形资产摊销额。

账务处理要求与提示：根据原始凭证编制记账凭证，借记“管理费用——无形资产摊销”账户，贷记“累计摊销”账户。

业务20：10月20日，产品经检验入库。

账务处理要求与提示：暂不做处理。

业务21：10月21日，支付产品展览费。

账务处理要求与提示：根据原始凭证编制记账凭证，借记“销售费用——展览费”“应交税费——应交增值税（进项税额）”账户，贷记“银行存款——工行”账户。

业务22：10月22日，销售太阳能充电器给陕西百货商贸有限公司，双方约定付款条件为2/10，1/20，n/30。

账务处理要求与提示：(1) 填制增值税专用发票。(2) 根据原始凭证编制记账凭证，借记“应收账款——陕西百货商贸有限公司”账户，贷记“主营业务收入——太阳能充电器”“应交税费——应交增值税（销项税额）”账户。

业务23：10月23日，销售太阳能电池板给陕西华丽电器有限公司，收到银行承兑汇票。

账务处理要求与提示：(1) 填制增值税专用发票。(2) 根据原始凭证编制记账凭证，借记“应收票据——陕西华丽电器有限公司”账户，贷记“主营业务收入——太阳能电池板”“应交税费——应交增值税（销项税额）”账户。

业务24：10月24日，销售太阳能电池板给西安鑫莱电源有限公司，款项尚未收到。

账务处理要求与提示：(1) 填制增值税专用发票。(2) 根据原始凭证编制记账凭证，借记“应收账款——西安鑫莱电源有限公司”账户，贷记“主营业务收入——太阳能电池板”“应交税费——应交增值税（销项税额）”账户。

业务25：10月27日，收到西安鑫莱电源有限公司货款。

账务处理要求与提示：根据原始凭证编制记账凭证，借记“银行存款——工行”账户，贷记“应收账款——西安鑫莱电源有限公司”账户。

业务26：10月27日，收到政府补助40 000元。

账务处理要求与提示：根据原始凭证编制记账凭证，借记“银行存款——工行”账户，贷记“营业外收入——政府补助”账户。

业务27：10月28日，收到陕西百货商贸有限公司的销货款。

账务处理要求与提示：根据原始凭证编制记账凭证，借记“银行存款——工行”“财务费用——现金折扣”账户，贷记“应收账款——陕西百货商贸有限公司”账户。

业务28：10月30日，发放本月职工工资。

账务处理要求与提示：根据原始凭证编制记账凭证，借记“应付职工薪酬——工资”账户，贷记“银行存款——工行”“其他应付款——社会保险费（个人）”“其他应付款——住房公积金（个人）”账户。

业务29：10月31日，根据本月职工工资汇总表，分配结转工资费用。

账务处理要求与提示：根据原始凭证编制记账凭证，借记“生产成本——基本生产成本——电池板（直接人工）”“生产成本——基本生产成本——充电器（直接人工）”“制造费用——电池板（人工费）”“制造费用——充电器（人工费）”“生产成本——辅助生产成本——测试（人工费）”“管理费用——职工薪酬”“销售费用——职工薪酬”账户，贷记“应付职工薪酬——工资”账户。

业务 30：10 月 31 日，计算银行借款利息费用，计提借款利息。

账务处理要求与提示：根据原始凭证编制记账凭证，借记“财务费用——利息支出”账户，贷记“应付利息——工行”“应付利息——建行”账户。

业务 31：10 月 31 日，按职工工资总额计提工会经费和职工教育经费。

账务处理要求与提示：根据原始凭证编制记账凭证，借记“生产成本——基本生产成本——电池板（直接人工）”“生产成本——基本生产成本——充电器（直接人工）”“制造费用——电池板（人工费）”“制造费用——充电器（人工费）”“生产成本——辅助生产成本——测试（人工费）”“管理费用——其他”“销售费用——其他”账户，贷记“应付职工薪酬——工会经费”“应付职工薪酬——职工教育经费”。

业务 32：10 月 31 日，计提本月企业应负担的社会保险费和住房公积金。

账务处理要求与提示：根据原始凭证编制记账凭证，借记“生产成本——基本生产成本——电池板（直接人工）”“生产成本——基本生产成本——充电器（直接人工）”“制造费用——电池板（人工费）”“制造费用——充电器（人工费）”“生产成本——辅助生产成本——测试（人工费）”“管理费用——其他”“销售费用——其他”账户，贷记“应付职工薪酬——社会保险费（单位）”“应付职工薪酬——住房公积金（单位）”账户。

业务 33：10 月 31 日，分配本月应付水费（单价 3.2 元/吨）。

账务处理要求与提示：根据原始凭证编制记账凭证，借记“制造费用——电池板（水电费）”“制造费用——充电器（水电费）”“生产成本——辅助生产成本——测试（水电费）”“管理费用——水电费”“销售费用——水电费”账户，贷记“应付账款——西安自来水公司”账户。

业务 34：10 月 31 日，分配本月应付电费（单价 1.2 元/度）。

账务处理要求与提示：根据原始凭证编制记账凭证，借记“制造费用——电池板（水电费）”“制造费用——充电器（水电费）”“生产成本——辅助生产成本——测试（水电费）”“管理费用——水电费”“销售费用——水电费”账户，贷记“应付账款——西安电力公司”账户。

业务 35：10 月 31 日，汇总本月发出材料，结转材料费用。

账务处理要求与提示：（1）根据原始凭证编制记账凭证，借记“生产成本——基本生产成本——电池板（直接材料）”“生产成本——基本生产成本——充电器（直接材料）”账户，贷记“材料成本差异”“原材料——原料及主要材料（硅片）”“原材料——原料及主要材料（铜丝）”“原材料——原料及主要材料（稀土元素）”“原材料——原料及主要材料（玻璃）”“原材料——原料及主要材料（背板材料）”“原材料——原料及主要材料（充电控制电路）”“原材料——原料及主要材料（蓄电池）”“原材料——辅助材料（铝框）”“原材料——辅助材料（绝缘材料）”账户。(2) 借记“生产成本——基本生产成本——电池板（直接材料）”“生产成本——基本生产成本——充电器（直接材料）”“制造费用——电池板（材料费）”“制造费用——充电器（材料费）”“生产成本——辅助生产成本——测试（材料费）”账户，贷记“周转材料——低值易耗品（工作服）”“周转材料——包装物（包装箱）”账户。

业务36：10月31日，分配测试车间费用。

账务处理要求与提示：根据原始凭证编制记账凭证，借记“管理费用——修理费”“销售费用——修理费”账户，贷记“生产成本——辅助生产成本——测试（人工费）”“生产成本——辅助生产成本——测试（水电费）”“生产成本——辅助生产成本——测试（材料费）”账户。

业务37：10月31日，分配本月制造费用。

账务处理要求与提示：根据原始凭证编制记账凭证，借记“生产成本——基本生产成本——电池板（制造费用）”“生产成本——基本生产成本——充电器（制造费用）”账户，贷记“制造费用——电池板（材料费）”“制造费用——电池板（人工费）”“制造费用——电池板（水电费）”“制造费用——电池板（折旧费）”“制造费用——充电器（材料费）”“制造费用——充电器（人工费）”“制造费用——充电器（水电费）”“制造费用——充电器（折旧费）”账户。

业务38：10月31日，计算产品的生产成本（假设月末无在产品）。

账务处理要求与提示：根据原始凭证编制记账凭证，借记“库存商品——电池板”“库存商品——充电器”账户，贷记“生产成本——电池板”“生产成本——充电器”账户。

业务39：10月31日，计算并结转已销产品成本。

账务处理要求与提示：根据原始凭证编制记账凭证，借记“主营业务成本——电池板”“主营业务成本——充电器”账户，贷记“库存商品——电池板”“库存商品——充电器”账户。

业务40：10月31日，计算本月应交增值税。

账务处理要求与提示：填写增值税纳税申报表。

业务41：10月31日，计算应交税费。

账务处理要求与提示：(1) 填制城市维护建设税、教育费附加申报表，城市维护建设税和教育费附加的计税依据通常为纳税人实际缴纳的增值税、消费税税额。(2) 根据原始凭证编制记账凭证，借记“税金及附加”，贷记“应交税费——应交城市维护建设税”“应交税费——应交教育费附加”账户。

业务42：10月31日，计算利润总额，结转当期损益。

账务处理要求与提示：(1) 根据原始凭证编制记账凭证，借记“主营业务收入——

电池板”“主营业务收入——充电器”“营业外收入——政府补助”账户，贷记“本年利润”账户。（2）借记“本年利润”账户，贷记“主营业务成本——电池板”“主营业务成本——充电器”“管理费用——职工薪酬”“管理费用——折旧费”“管理费用——业务招待费”“管理费用——修理费”“管理费用——无形资产摊销”“管理费用——水电费”“管理费用——办公费”“管理费用——其他”“销售费用——职工薪酬”“销售费用——折旧费”“销售费用——展览费”“销售费用——运输费”“销售费用——修理费”“销售费用——水电费”“销售费用——广告费”“销售费用——差旅费”“销售费用——其他”“财务费用——手续费”“财务费用——现金折扣”“财务费用——利息支出”“营业外支出——捐赠支出”“税金及附加”账户。

业务 43：10 月 31 日，计算本月应交所得税额，结转所得税费用。

账务处理要求与提示：（1）编制记账凭证，借记“所得税费用”账户，贷记“应交税费——应交所得税”账户。（2）借记“本年利润”账户，贷记“所得税费用”账户。

业务 44：10 月 31 日，结转净利润。

账务处理要求与提示：编制记账凭证，借记“本年利润”账户，贷记“利润分配——未分配利润”账户。

业务 45：10 月 31 日，提取法定盈余公积和任意盈余公积。

账务处理要求与提示：编制记账凭证，借记“利润分配——法定盈余公积”“利润分配——任意盈余公积”账户，贷记“盈余公积”账户。

业务 46：10 月 31 日，计提向投资者分配的利润。

账务处理要求与提示：编制记账凭证，借记“利润分配——应付利润”账户，贷记“应付利润——陕西恒运投资有限公司”“应付利润——陕西中惠实业发展有限公司”“应付利润——陕西宏达新能源科技有限公司”账户。

业务 47：10 月 31 日，以银行存款向投资者支付分配的利润。

账务处理要求与提示：编制记账凭证，借记“应付利润——陕西恒运投资有限公司”“应付利润——陕西中惠实业发展有限公司”“应付利润——陕西宏达新能源科技有限公司”账户，贷记“银行存款——工行”账户。

业务 48：10 月 31 日，结转利润分配。

账务处理要求与提示：编制记账凭证，借记“利润分配——未分配利润”账户，贷记“利润分配——法定盈余公积”“利润分配——任意盈余公积”“利润分配——应付利润”账户。

业务 49：10 月 31 日，编制资产负债表和利润表。

第5章

模拟企业经济业务的原始凭证

根据模拟企业每天发生的经济业务的原始凭证内容，分析经济业务，填制和审核原始凭证（空白原始凭证须填写完整），编制记账凭证。将原始凭证按凭证版面裁剪下来、按业务顺序排列后，将裁剪后的原始凭证粘贴在记账凭证之后。

一、筹建期间经济业务的原始凭证

业务1-1

ICBC 中国工商银行进账单（收账通知） 3

2024年09月01日 No. 20248001

收款人	全称	陕西永旭能源科技有限公司	付款人	全称	陕西恒运投资有限公司
	账号	3202837409372108472		账号	3482938729530818428
	开户银行	中国工商银行西京路支行		开户银行	中国工商银行皇城西路分行

金额	人民币（大写）	亿	千	百	十	万	千	百	十	元	角	分
	壹仟万元整	¥	1	0	0	0	0	0	0	0	0	0

票据种类	转账支票	票据张数	1
票据号码			

复核： 记账：

中国工商银行西京路支行
2024.09.01
转
讫

收款人开户银行盖章

业务 1－2

投资协议

投资方（甲方）：陕西恒运投资有限公司

统一社会信用代码：91935394D87G9SJ391

法定代表人：文斌

地址：陕西省西安市新城区皇城西路 12 号

被投资方（乙方）：陕西永旭能源科技有限公司

统一社会信用代码：91610104847G93X232

法定代表人：张伟明

地址：陕西省西安市高新区科技五路 39 号

甲、乙双方根据国家的相关法律法规，本着平等互利、公平公正、诚实守信和双赢共荣的原则，充分发挥双方优势，经友好协商，就甲方对乙方进行投资事宜，达成以下合作条款：

第一条出资额、方式、期限

出资方式及金额：甲方以货币方式出资，出资金额为人民币 1 000 万元整（大写：壹仟万元整）。

出资支付时间：甲方应自本协议签订之日起 15 个工作日内，将投资金额支付至乙方指定如下银行账号：

开户银行：中国工商银行西京路支行

银行账号：3202837409372108472

账户名称：陕西永旭能源科技有限公司

第二条股权比例及权益

股权比例：甲方完成出资后，将获得乙方公司（略）的股权，具体股权比例根据乙方公司投前估值与甲方出资金额经双方确认后确定，并据此修改乙方公司章程及办理工商变更登记手续。

股东权益：甲方享有与所持有股权比例相对应的股东权益，包括但不限于对公司重大事项的知情权、参与决策权、利润分配权等，具体权利按照乙方公司章程及相关法律法规执行。

第三条公司治理（省略）

第四条业绩承诺与补偿

第五条股权回购（省略）

第七条违约责任（省略）

第八条协议的变更与解除（省略）

第九条争议解决（省略）

第十条其他条款

本协议自双方签字（或盖章）之日起生效，一式两份，双方各执一份，具有同等法律效力。

本协议未尽事宜，可由双方另行签订补充协议，补充协议与本协议具有同等法律效力；补充协议内容与本协议不一致的，以补充协议为准。

甲方（盖章）：陕西恒运投资有限公司

法定代表人或授权代表（签字）：文斌

签订日期：2024 年 08 月 20 日

乙方（盖章）：陕西永旭能源科技有限公司

法定代表人或授权代表（签字）：张伟明

签订日期：2024 年 08 月 20 日

业务 2-1

投资协议

投资方（甲方）：陕西中惠实业发展有限公司

统一社会信用代码：71932394D87G9SJ309

法定代表人：磊鑫

地址：陕西省西安市雁塔区雁南五路 21 号

被投资方（乙方）：陕西永旭能源科技有限公司

统一社会信用代码：91610104847G93X232

法定代表人：张伟明

地址：陕西省西安市高新区科技五路 39 号

甲、乙双方根据国家相关法律法规，秉持平等互利、公平公正、诚实守信和双赢共荣的原则，充分发挥各自优势，经友好协商，就甲方以实物对乙方进行投资事宜，达成如下合作条款：

第一条 出资额、方式、期限

出资方式及金额：甲方以实物方式出资，投资厂房一栋。经双方共同委托具有资质的第三方评估机构评估，该厂房价值为人民币 400 万元整（大写：肆佰万元整）。评估报告作为本协议附件，与本协议具有同等法律效力。

交付时间与标准：甲方应自本协议签订之日起 15 个工作日内完成厂房的交付。交付时，厂房应保持可正常使用状态，附属设施、设备齐全且能正常运行，并无任何产权纠纷、抵押、查封等影响乙方使用的情形。甲方应同时向乙方提供厂房的相关产权证明文件原件、附属设施设备清单及维护保养记录等资料。

第二条 股权比例及权益

股权比例：甲方完成出资后，将获得乙方公司（略）的股权，具体股权比例根据乙方公司投前估值与甲方出资金额经双方确认后确定，并据此修改乙方公司章程及办理工商变更登记手续。

股东权益：甲方享有与所持有股权比例相对应的股东权益，包括但不限于对公司重大事项的知情权、参与决策权、利润分配权等，具体权利按照乙方公司章程及相关法律法规执行。

第三条 公司治理（省略）

第四条 业绩承诺与补偿

第五条 股权回购（省略）

第七条 违约责任（省略）

第八条 协议的变更与解除（省略）

第九条 争议解决（省略）

第十条 其他条款

本协议自双方签字（或盖章）之日起生效，一式两份，双方各执一份，具有同等法律效力。

本协议未尽事宜，可由双方另行签订补充协议，补充协议与本协议具有同等法律效力；补充协议内容与本协议不一致的，以补充协议为准。

甲方（盖章）：陕西中惠实业发展有限公司	乙方（盖章）：陕西永旭能源科技有限公司
法定代表人或授权代表（签字）：磊鑫	法定代表人或授权代表（签字）：张伟明
签订日期：2024 年 08 月 20 日	签订日期：2024 年 08 月 20 日

业务 2－2

固定资产交接单

No. 90806001

2024 年 09 月 02 日

固定资产名称	房屋		
移交单位	陕西中惠实业发展有限公司	接受单位	陕西永旭能源科技有限公司
规格	300 平方米	技术特征	
建造企业	/	出厂或建成年月	2024 年 03 月 09 日
安装单位	/	安装完工年月	/
预计使用年限	/	年折旧率	4.8%
原值	3000000.00 元	使用部门	电池板车间
移交单位负责人	马泽军	接受单位负责人	彭浩

业务 2－3

固定资产交接单

No. 90806002

2024 年 09 月 02 日

固定资产名称	房屋		
移交单位	陕西中惠实业发展有限公司	接受单位	陕西永旭能源科技有限公司
规格	100 平方米	技术特征	
建造企业	/	出厂或建成年月	2024 年 03 月 09 日
安装单位	/	安装完工年月	/
预计使用年限	/	年折旧率	4.8%
原值	1000000.00 元	使用部门	充电器车间
移交单位负责人	马泽军	接受单位负责人	彭浩

业务 3-1

投资协议

投资方（甲方）：陕西宏达新能源科技有限公司

统一社会信用代码：61638294A8C49SJ873

法定代表人：航宇

地址：陕西省西安市莲湖区莲湖路 19 号

被投资方（乙方）：陕西永旭能源科技有限公司

统一社会信用代码：91610104847G93X232

法定代表人：张伟明

地址：陕西省西安市高新区科技五路 39 号

甲、乙双方依据国家相关法律法规，秉持平等互利、公平公正、诚实守信及双赢共荣原则，充分发挥各自优势，经友好协商，就甲方对乙方投资事宜达成如下合作条款：

第一条出资额、方式、期限

出资方式及金额：甲方以货币和实物相结合的方式出资。货币资金为人民币 300 万元整（大写：叁佰万元整），太阳能电池板生产线价值经双方共同委托具有资质的第三方评估机构评估，确认价值为人民币 203.4 万元整（大写：贰佰零叁万肆仟元整）。评估报告作为本协议附件，与本协议具有同等法律效力。

对于太阳能电池板生产线实物出资部分，甲方应在本协议签订之日起 15 个工作日内完成生产线的交付工作。对于货币出资部分，甲方应在本协议签订之日起 15 个工作日内，将 300 万元人民币支付至乙方指定如下银行账号：

开户银行：中国工商银行西京路支行

银行账号：3202837409372108472

账户名称：陕西永旭能源科技有限公司

第二条股权比例及权益

股权比例：甲方完成出资后，将获得乙方公司（略）的股权，具体股权比例根据乙方公司投前估值与甲方出资金额经双方确认后确定，并据此修改乙方公司章程及办理工商变更登记手续。

股东权益：甲方享有与所持有股权比例相对应的股东权益，包括但不限于对公司重大事项的知情权、参与决策权、利润分配权等，具体权利按照乙方公司章程及相关法律法规执行。

第三条公司治理（省略）

第四条业绩承诺与补偿

第五条股权回购（省略）

第七条违约责任（省略）

第八条协议的变更与解除（省略）

第九条争议解决（省略）

第十条其他条款

本协议自双方签字（或盖章）之日起生效，一式两份，双方各执一份，具有同等法律效力。

本协议未尽事宜，可由双方另行签订补充协议，补充协议与本协议具有同等法律效力；补充协议内容与本协议不一致的，以补充协议为准。

甲方（盖章）：陕西宏达新能源科技有限公司

法定代表人或授权代表（签字）：航宇

签订日期：2024 年 09 月 03 日

（印章：陕西宏达新能源科技有限公司）（印章：航宇之印）

乙方（盖章）：陕西永旭能源科技有限公司

法定代表人或授权代表（签字）：张伟明

签订日期：2024 年 09 月 03 日

（印章：陕西永旭能源科技有限公司）（印章：张伟明印）

业务 3－2

全国统一发票监制章 国家税务总局监制

电子发票（增值税专用发票）

发票号码：61620925395619700001

开票日期：2024年09月03日

购买方信息	名称：陕西永旭能源科技有限公司 统一社会信用代码/纳税人识别号：91610104847G93X232	销售方信息	名称：陕西宏达新能源科技有限公司 统一社会信用代码/纳税人识别号：61638294A8C49SJ873

项目名称	规格型号	单位	数量	单价	金额	税率/征收率	税额
太阳能电池板生产线		条	1	1800000.00	1800000.00	13%	234000.00
合　　计					¥1800000.00		¥234000.00
价税合计（大写）	⊗贰佰零叁万肆仟元整				（小写）¥2034000.00		
备注							

开票人：任静

业务 3－3

固定资产交接单

No. 90806003

2024 年 09 月 03 日

固定资产名称	太阳能电池板生产线		
移交单位	陕西宏达新能源科技有限公司	接受单位	陕西永旭能源科技有限公司
规格	/	技术特征	/
建造企业	/	出厂或建成年月	2024 年 08 月 31 日
安装单位	/	安装完工年月	/
预计使用年限	10 年	年折旧率	6%
原值	1800000.00 元	使用部门	电池板车间
移交单位负责人	张泽军	接受单位负责人	彭浩

业务 3－4

ICBC 中国工商银行进账单（收账通知）　3

2024 年 09 月 03 日　　No. 20248002

收款人	全　称	陕西永旭能源科技有限公司	付款人	全　称	陕西宏达新能源科技有限公司
	账　号	3202837409372108472		账　号	3463828729942018432
	开户银行	中国工商银行西京路支行		开户银行	中国工商银行莲湖分行

金额	人民币（大写）	亿	千	百	十	万	千	百	十	元	角	分
	叁佰万元整		¥	3	0	0	0	0	0	0	0	0

票据种类	转账支票	票据张数	1
票据号码			

复核　　记账

中国工商银行西京路支行 2024.09.03 转讫

收款人开户银行盖章

业务 4－1

ICBC 中国工商银行贷款（借款）凭证

2024 年 09 月 04 日　　银行编号：382038209611

收款单位	全　称	陕西永旭能源科技有限公司	放款单位	全　称	中国工商银行西京路支行
	账　号	3202837409372108472		账　号	1135741350742754851
	开户银行	中国工商银行西京路支行		开户银行	中国工商银行西京路支行

借款期限	6 个月	月利率	0.50%	起息日	2024 年 09 月 04 日

借款申请金额		亿	千	百	十	万	千	百	十	元	角	分
	⊗壹佰万元整		¥	1	0	0	0	0	0	0	0	0

借款原因及用途	补充流动资金	银行核定金额	壹佰万元整
备注	期限	计划还款日期	计划还款金额（本金）
	6 个月	2025 年 3 月 3 日	壹佰万元整

上述借款已同意贷给并转入你单位开户银行户，借款应按期归还。

借款单位：

（银行盖章）　　2024 年 09 月 04 日

中国工商银行西京路支行 2024.09.04 转讫

业务 4－2

ICBC 中国工商银行进账单（收账通知）　3

2024 年 09 月 04 日　　　　No. 20248003

收款人	全　称	陕西永旭能源科技有限公司	付款人	全　称	中国工商银行西京路支行
	账　号	3202837409372108472		账　号	1135741350742754851
	开户银行	中国工商银行西京路支行		开户银行	中国工商银行西京路支行
金额	人民币（大写）	壹佰万元整		亿千百十万千百十元角分	￥100000000
票据种类	转账支票	票据张数	1		
票据号码					
复核	记账			收款人开户银行签章	

中国工商银行西京路支行　2024.09.04　转讫

业务 5－1

中国建设银行贷款（借款）凭证

2024 年 09 月 05 日　　　　银行编号：382038209801

收款单位	全　称	陕西永旭能源科技有限公司	放款单位	全　称	中国建设银行汉唐路支行
	账　号	3202837409372108472		账　号	420283640972899
	开户银行	中国工商银行西京路支行		开户银行	中国建设银行汉唐路支行
借款期限	3 年	年利率	4.0％	起息日	2024 年 09 月 05 日
借款申请金额	⊗叁佰万元整			亿千百十万千百十元角分	￥300000000
借款原因及用途	补充流动资金	银行核定金额			叁佰万元整
备注	期限	计划还款日期			计划还款金额（本金）
	3 年	2027 年 09 月 04 日			叁佰万元整
	上述借款已同意贷给并转入你单位开户银行户，借款应按期归还。 借款单位： （银行盖章）　2024 年 09 月 05 日				

中国建设银行汉唐路支行　2024.09.05　转讫

业务 5－2

中国建设银行进账单（收账通知）　3

2024 年 09 月 05 日　　No. 20247701

收款人	全　称	陕西永旭能源科技有限公司	付款人	全　称	中国建设银行汉唐路支行
	账　号	3202837409372108472		账　号	420283640972899
	开户银行	中国建设银行汉唐路支行		开户银行	中国建设银行汉唐路支行

金额	人民币（大写）	亿	千	百	十	万	千	百	十	元	角	分
	叁佰万元整		¥	3	0	0	0	0	0	0	0	0

票据种类	转账支票	票据张数	1
票据号码			

中国建设银行汉唐路支行
2024.09.05
转
讫

复核　　记账　　收款人开户银行签章

业务 6－1

全国统一发票监制章
实训专用
国家税务总局监制

电子发票（增值税专用发票）

发票号码：61620925395619700002

开票日期：2024年09月06日

购买方信息	名称：陕西永旭能源科技有限公司 统一社会信用代码/纳税人识别号：91610104847G93X232	销售方信息	名称：陕西红日能源科技有限公司 统一社会信用代码/纳税人识别号：67399294V8C54SJ543

项目名称	规格型号	单位	数量	单价	金额	税率/征收率	税额
太阳能充电器生产线		条	1	400000.00	400000.00	13%	52000.00
合　计					¥400000.00		¥52000.00
价税合计（大写）	⊗肆拾伍万贰仟元整				（小写）¥452000.00		
备注							

开票人：李某华

业务 6 - 2

电子发票（增值税专用发票）

全国统一发票监制章　实训专用　国家税务总局监制

发票号码：61620925395619700003

开票日期：2024年09月06日

购买方信息	名称：陕西永旭能源科技有限公司 统一社会信用代码/纳税人识别号：91610104847G93X232	销售方信息	名称：陕西捷达运输有限公司 统一社会信用代码/纳税人识别号：68729273V8C54SJ960

项目名称	规格型号	单位	数量	单价	金额	税率/征收率	税额
运输费					2000.00	9%	180.00
合　　计					¥2000.00		¥180.00
价税合计（大写）	⊗贰仟壹佰捌拾元整				（小写）¥2180.00		
备注							

开票人：张某静

业务 6 - 3（需要学生填制本张空白票据）

中国工商银行
转账支票存根
30512022
01312022

附加信息

出票日期　年　月　日

收款人：

金　额：

用　途：

单位主管　　会计

中国工商银行　转账支票　30512022　01312022

出票日期(大写)　年　月　日　付款行名称：

收款人：　出票人账号：

人民币(大写)		亿	千	百	十	万	千	百	十	元	角	分

用途　　密码

上列款项请从
我账户内支付
出票人签章

张伟明印

复核　　记账

业务 6 - 4（需要学生填制本张空白票据）

中国工商银行
现金支票存根
30512023
01312023

附加信息

出票日期　年　月　日

收款人：

金　额：

用　途：

单位主管　　会计

中国工商银行　现金支票　30512023　01312023

出票日期（大写）　年　月　日　付款行名称：

收款人：　出票人账号：

人民币（大写）		亿	千	百	十	万	千	百	十	元	角	分

用途　　密码

上列款项请从
我账户内支付
出票人签章

张伟明印

复核　　记账

业务6-5（需要学生填制本张空白票据）

中国工商银行 进账单（回单）　2

2024年09月06日　　№：20242020

收款人	全　称		付款人	全　称	陕西永旭能源科技有限公司
	账　号			账　号	3202837409372108472
	开户银行			开户银行	中国工商银行西京路支行
金额	人民币（大写）			千 百 十 万 千 百 十 元 角 分	
票据种类	转账支票				
票据张数	1				
单位主管　会计　复核　记账				中国工商银行西京路支行 2024.09.06 转 讫　付款人开户行盖章	

此联是付款人开户银行给付款人的回单。

业务6-6（需要学生填制本张空白票据）

中国工商银行 进账单（回单）　2

2024年09月06日　　№：20242020

收款人	全　称		付款人	全　称	陕西永旭能源科技有限公司
	账　号			账　号	3202837409372108472
	开户银行			开户银行	中国工商银行西京路支行
金额	人民币（大写）			千 百 十 万 千 百 十 元 角 分	
票据种类	转账支票				
票据张数	1				
单位主管　会计　复核　记账				中国工商银行西京路支行 2024.09.06 转 讫　付款人开户行盖章	

此联是付款人开户银行给付款人的回单。

业务 7－1

电子发票（增值税专用发票）

全国统一发票监制章 实训专用 国家税务总局监制

机动车

发票号码：6101021345678900

开票日期：2024年09月07日

购买方信息	名称：陕西永旭能源科技有限公司 统一社会信用代码/纳税人识别号：91610104847G93X232	销售方信息	名称：陕西星星汽车销售服务有限公司 统一社会信用代码/纳税人识别号：91610257081765320N

项目名称	车辆识别号/车架号码	单位	数量	单价	金额	税率/征收率	税额
多用途货车V8	LGEPDG5PH579427/71579	台	2	250000.00	500000.00	13%	65000.00
合　　计					¥500000.00		¥65000.00
价税合计（大写）	⊗伍拾陆万伍仟元整				（小写）¥565000.00		
备注	购买方地址：陕西省西安市高新区科技五路 39 号 购买方开户银行及账号：中国工商银行西京路支行 3202837409372108472 销售方地址：陕西省西安市未央区阿房宫大道 29 号 销售方开户银行及账号：中国工商银行阿房宫分行 3702320809200026807						

开票人：马某

业务 7－2

固定资产交接单

No. 90806004

2024 年 09 月 07 日

固定资产名称	多用途货车		
移交单位	购入	接受单位	陕西永旭能源科技有限公司
规格	1 辆	技术特征	/
建造企业	/	出厂或建成年月	2024 年 05 月 01 日
安装单位	/	安装完工年月	/
预计使用年限	10 年	年折旧率	10%
原值	275000.00 元	使用部门	采购部门
移交单位负责人	/	接受单位负责人	彭浩

业务 7－3

固定资产交接单

No. 90806005

2024 年 09 月 07 日

固定资产名称	多用途货车		
移交单位	购入	接受单位	陕西永旭能源科技有限公司
规格	1 辆	技术特征	/
建造企业	/	出厂或建成年月	2024 年 05 月 01 日
安装单位	/	安装完工年月	/
预计使用年限	10 年	年折旧率	10%
原值	275000.00 元	使用部门	销售部门
移交单位负责人	/	接受单位负责人	彭浩

业务 7－4

中国工商银行　网上银行电子回单

电子回单号码：3820-3820-9611-2971

付款人	名　　称	陕西永旭能源科技有限公司	收款人	名　　称	陕西星星汽车销售服务有限公司
付款人	账　　号	3202837409372108472	收款人	账　　号	3702320809200026807
付款人	开户银行	中国工商银行西京路支行	收款人	开户银行	中国工商银行阿房宫分行
金额		¥615000.00	金额大写		⊗陆拾壹万伍仟元整
摘要		购买货车	业务（产品）种类		
用途		购买货车			
交易流水号		29731801	时间戳		2024-09-07　11:10:16
中国工商银行 电子回单 专用章		备注：			
		验证码：			

记账网点	60134	记账柜员	3611	记账日期	2024年09月07日

打印日期：2024年09月07日

业务 7－5

中华人民共和国
税收完税证明

国

（141）陕国证 01935572

填发日期：2024年09月07日　　税务机关：国家税务总局西咸新区税务局第一税务所

纳税人识别号	91610104847G93X232		纳税人名称	陕西永旭能源科技有限公司	
原凭证号	税种	品目名称	税款所属时期	入（退）库日期	实缴（退）金额
3201404802301100	车辆购置税	车辆购置税	2024-09-07~2024-09-07	2024-09-07	25000.00
3201404802301101	车辆购置税	车辆购置税	2024-09-07~2024-09-07	2024-09-07	25000.00
金额合计	（大写）⊗伍万元整			（小写）	¥50000.00
税务机关（盖章）		填票人		备注：	

国家税务总局西咸新区税务局 征税专用章

妥善保管、手写无效

业务 8－1

电子发票（增值税专用发票）

全国统一发票监制章 实训专用 国家税务总局监制

机动车

发票号码：6101021345679201

开票日期：2024年09月08日

购买方信息	名称：陕西永旭能源科技有限公司 统一社会信用代码/纳税人识别号：91610104847G93X232	销售方信息	名称：陕西星星汽车销售服务有限公司 统一社会信用代码/纳税人识别号：91610257081765320N

项目名称	车辆识别号/车架号码	单位	数量	单价	金额	税率/征收率	税额
红旗轿车SV8	SLPDG5PH579427/722521	台	1	300000.00	300000.00	13%	39000.00
合　计					¥300000.00		¥39000.00
价税合计（大写）	⊗叁拾叁万玖仟元整				（小写）¥339000.00		
备注	购买方地址：陕西省西安市高新区科技五路 39 号 购买方开户银行及账号：中国工商银行西京路支行 3202837409372108472 销售方地址：陕西省西安市未央区阿房宫大道 29 号 销售方开户银行及账号：中国工商银行阿房宫分行 3702320809200026807						

开票人：马某

业务 8－2

固定资产交接单

No. 90806006

2024 年 09 月 08 日

固定资产名称	红旗轿车		
移交单位	购入	接受单位	陕西永旭能源科技有限公司
规格	1 辆	技术特征	/
建造企业	/	出厂或建成年月	2024 年 06 月 01 日
安装单位	/	安装完工年月	/
预计使用年限	10 年	年折旧率	10%
原值	330000.00 元	使用部门	行政办公室
移交单位负责人	/	接受单位负责人	彭浩

业务 8－3

中国工商银行　网上银行电子回单

电子回单号码：3820-3820-9611-2972

付款人	名　称	陕西永旭能源科技有限公司	收款人	名　称	陕西星星汽车销售服务有限公司
	账　号	3202837409372108472		账　号	3702320809200026807
	开户银行	中国工商银行西京路支行		开户银行	中国工商银行阿房宫分行
金额		¥369000.00	金额大写		⊗叁拾陆万玖仟元整
摘要		购买货车	业务（产品）种类		
用途		购买汽车			
交易流水号		29731802	时间戳		2024-09-08 14:11:26
中国工商银行 电子回单 专用章		备注：			
		验证码：			
记账网点	60134	记账柜员 3611	记账日期		2024年09月08日

打印日期：2024年09月08日

业务 8－4

中华人民共和国
税收完税证明

(141) 陕国证 01935573

填发日期：2024年09月08日　　税务机关：国家税务总局西咸新区税务局第一税务所

纳税人识别号	91610104847G93X232		纳税人名称	陕西永旭能源科技有限公司	
原凭证号	税种	品目名称	税款所属时期	入（退）库日期	实缴（退）金额
3201404802301103	车辆购置税	车辆购置税	2024-09-08~2024-09-08	2024-09-08	30000.00
金额合计	（大写）⊗叁万元整			（小写）	¥30 000.00
税务机关（盖章）		填票人		备注：	

妥善保管、手写无效

业务 9－1

电子发票（增值税专用发票）

发票号码：61620925395619700004
开票日期：2024年09月09日

购买方信息	名称：陕西永旭能源科技有限公司 统一社会信用代码/纳税人识别号：91610104847G93X232	销售方信息	名称：陕西腾飞数码科技有限公司 统一社会信用代码/纳税人识别号：68358273V3C54SJ621

项目名称	规格型号	单位	数量	单价	金额	税率/征收率	税额
办公电脑		台	20	9000	180000.00	13%	23400.00
合　计					¥180000.00		¥23400.00
价税合计（大写）	⊗贰拾万零叁仟肆佰元整				（小写）¥203400.00		
备注							

开票人：马静

业务 9－2

固定资产交接单

No. 90806007

2024 年 09 月 09 日

固定资产名称	办公电脑		
移交单位	购入	接受单位	陕西永旭能源科技有限公司
规格	20 台	技术特征	/
建造企业	/	出厂或建成年月	2024 年 08 月 21 日
安装单位	/	安装完工年月	/
预计使用年限	5 年	年折旧率	12%
原值	180000.00 元	使用部门	管理部门
移交单位负责人	/	接受单位负责人	彭浩

业务 9－3

中国工商银行　网上银行电子回单

电子回单号码：3820-3820-9611-2973

付款人	名　　称	陕西永旭能源科技有限公司	收款人	名　　称	陕西腾飞数码科技有限公司
	账　　号	3202837409372108472		账　　号	2725778739742726512
	开户银行	中国工商银行西京路支行		开户银行	中国工商银行阿房宫分行
金额		¥203400.00	金额大写		⊗贰拾万零叁仟肆佰元整
摘要		购买办公电脑	业务（产品）种类		
用途		购买办公电脑			
交易流水号		29731803	时间戳		2024-09-09　10:50:14
中国工商银行 电子回单 专用章		备注：			
		验证码：			
记账网点		60134	记账柜员 3611	记账日期	2024年09月09日

打印日期：2024年09月09日

业务 10－1

中国工商银行　网上银行电子回单

电子回单号码：3820-3820-9611-2974

付款人	名　称	陕西永旭能源科技有限公司	收款人	名　称	陕西腾飞数码科技有限公司
	账　号	3202837409372108472		账　号	2725778739742726512
	开户银行	中国工商银行西京路支行		开户银行	中国工商银行阿房宫分行
金额		¥4520.00	金额大写		⊗肆仟伍佰贰拾元整
摘要		购买办公用品	业务（产品）种类		
用途		购买办公用品			
交易流水号		29731804	时间戳		2024-09-10 09:10:24
中国工商银行 电子回单专用章		备注：			
		验证码：			

记账网点	60134	记账柜员	3611	记账日期	2024年09月10日

打印日期：2024年09月10日

业务 10－2

电子发票（增值税专用发票）

全国统一发票监制章 国家税务总局监制

发票号码：61620925395619700005

开票日期：2024年09月10日

购买方信息	名称：陕西永旭能源科技有限公司 统一社会信用代码/纳税人识别号：91610104847G93X232	销售方信息	名称：陕西腾飞数码科技有限公司 统一社会信用代码/纳税人识别号：68358273V3C54SJ621

项目名称	规格型号	单位	数量	单价	金额	税率/征收率	税额
办公用品		套	40	100	4000.00	13%	520.00
合　计					¥4000.00		¥520.00

价税合计（大写）	⊗肆仟伍佰贰拾元整	（小写）¥4520.00
备注		

开票人：崔静

业务 11－1（需要学生填制本张空白票据）

中国工商银行 现金支票存根 30512024 61312024	中国工商银行　现金支票　30512024　61312024
附加信息	出票日期（大写）　年　月　日　　付款行名称：
	收款人：　　出票人账号：
	人民币（大写）　亿 千 百 十 万 千 百 十 元 角 分
出票日期　年　月　日	用途　　密码
收款人：	上列款项请从
金　额：	我账户内支付
用　途：	出票人签章　张明伟印　　复核　　记账
单位主管　　会计	

业务 11－2

中国工商银行　网上银行电子回单

电子回单号码：3820-3820-9611-2975

付款人	名　称	陕西永旭能源科技有限公司	收款人	名　称	陕西永旭能源科技有限公司
	账　号	3202837409372108472		账　号	3202837409372108472
	开户银行	中国工商银行西京路支行		开户银行	中国工商银行西京路支行
金额		¥10000.00	金额大写		⊗壹万元整
摘要		备用金	业务（产品）种类		
用途		备用金			
交易流水号		29731805	时间戳		2024-09-11 10:26:15
中国工商银行 电子回单 专用章		备注：			
		验证码：			
记账网点		60134 　记账柜员　3611	记账日期		2024年09月11日

打印日期：2024年09月11日

业务 12、业务 13 不涉及资金流入流出，不记账。

业务 14－1

电子发票（增值税专用发票）

全国统一发票监制 实训专用 国家税务总局监制

发票号码：61620925395619700006

开票日期：2024年09月13日

购买方信息	名称：陕西永旭能源科技有限公司 统一社会信用代码/纳税人识别号：91610104847G93X232
销售方信息	名称：陕西信永会计师事务所 统一社会信用代码/纳税人识别号：63298273V3C54SJ742

项目名称	规格型号	单位	数量	单价	金额	税率/征收率	税额
验资费		项	1	7000	7000.00	6%	420.00
合　　计					¥7000.00		¥420.00
价税合计（大写）	⊗柒仟肆佰贰拾元整				（小写）¥7420.00		
备注							

开票人：朱静

业务 14－2

中国工商银行　网上银行电子回单

电子回单号码：3820-3820-9611-2976

付款人	名　　称	陕西永旭能源科技有限公司	收款人	名　　称	陕西信永会计师事务所
	账　　号	3202837409372108472		账　　号	2135778739742754510
	开户银行	中国工商银行西京路支行		开户银行	中国工商银行城墙东分行
金额		¥7420.00	金额大写		⊗柒仟肆佰贰拾元整
摘要		验资费	业务（产品）种类		
用途		验资费			
交易流水号		29731806	时间戳		2024-09-13 14:13:12
中国工商银行 电子回单 专用章		备注：			
		验证码：			
记账网点	60134	记账柜员	3611	记账日期	2024年09月13日

打印日期：2024年09月13日

业务 15

中国工商银行 INDUSTRIAL AND COMMERCIAL BANK OF CHINA

汇票申请书（存根）　1

申请日期（大写）：贰零贰肆 年 零玖 月 壹拾肆 日　　第00241号

申请人	陕西永旭能源科技有限公司	收款人	北京稀有新材料有限公司
账　号 或地址	3202837409372108472 陕西省西安市高新区科技五路 39 号	账　号 或地址	3176103738399818081 北京市朝阳区朝阳路东八里庄 106 号
用　途	材料款	代　理 付款行	中国工商银行西京路支行
汇款金额	人民币（大写）　壹拾肆万元整		千 百 十 万 千 百 十 元 角 分 ¥ 1 4 0 0 0 0 0 0

第三联　回单联

（印章：陕西永旭能源科技有限公司 财务专用章）（印章：张伟 明印）

备注　　　　科　目
　　　　　　对方科目
　　　　　　财务主管　　复核　　经办

业务 16－1

中国工商银行 INDUSTRIAL AND COMMERCIAL BANK OF CHINA

中国工商银行 电汇 凭证（回单）　1

□普通 □加急　　委托日期：2024年09月15日　　第 011 号

汇款人	全　称	陕西永旭能源科技有限公司			收款人	全　称	陕西兴远硅片技术有限公司		
	账　号 或地址	3202837409372108472 陕西省西安市高新区科技五路 39 号				账　号 或地址	3100783090567078091 陕西省汉中市汉台区汉江路 21 号		
	汇　出 地　点	陕西西安	汇出行 名　称	中国工商银行 西京路支行		汇　入 地　点	陕西 汉中	汇入行 名　称	中国工商银行 汉中分行
金　额	人民币（大写）壹佰壹拾捌万捌仟陆佰捌拾元整					千 百 十 万 千 百 十 元 角 分 ¥ 1 1 8 8 6 8 0 0 0			
汇款用途	货款					汇出行盖章 （印章：中国工商银行西京路支行 2024.09.15 转讫） 2024年09月15日			
上列款项已根据委托办理，如需查询，请持此回单来行面谈。 单位主管　　会计　　复核　　记账									

此联是汇出银行给汇款人的回单

业务 16－2

中国工商银行 收费凭证

2024年09月15日

户名	陕西永旭能源科技有限公司			账号	3202837409372108472	
收费项目	起止号码	数量	单价	工本费	手续费	邮电费
电汇		1			0.5	10.00
金额小计					0.5	10.00

金额合计（大写）	亿	千	百	十	万	千	百	十	元	角	分
壹拾元零伍角整							¥	1	0	5	0

备注：	开户银行签章（中国工商银行西京路支行 2024.09.15 转讫）

主管：王倩文　　会计：　　复核：赵松　　记账：

业务 16－3

电子发票（增值税专用发票）

全国统一发票监制章 国家税务总局监制

发票号码：61620925395619700007

开票日期：2024年09月15日

购买方信息	名称：陕西永旭能源科技有限公司 统一社会信用代码/纳税人识别号：91610104847G93X232	销售方信息	名称：陕西兴远硅片技术有限公司 统一社会信用代码/纳税人识别号：91872004847G93X710

项目名称	规格型号	单位	数量	单价	金额	税率/征收率	税额
硅片		个	1000	1050	1050000.00	13%	136500.00
合　计					¥1050000.00		¥136500.00
价税合计（大写）	⊗壹佰壹拾捌万陆仟伍佰元整				（小写）¥1186500.00		
备注							

开票人：星源

业务 16－4

电子发票（增值税专用发票）

发票号码：61620925395619700007

开票日期：2024年09月15日

购买方信息	名称：陕西永旭能源科技有限公司 统一社会信用代码/纳税人识别号：91610104847G93X232	销售方信息	名称：陕西兴远硅片技术有限公司 统一社会信用代码/纳税人识别号：91872004847G93X710

项目名称	规格型号	单位	数量	单价	金额	税率/征收率	税额
运输费					2000.00	9%	180.00
合　计					¥2000.00		¥180.00
价税合计（大写）	⊗贰仟壹佰捌拾元整				（小写）¥2180.00		
备注							

开票人：星源

业务 16－5

收 料 单

No.20801001

供货单位：陕西兴远硅片技术有限公司　　日期：2024年09月15日

材料名称	规格	单位	数量		计划成本		实际成本		运费
			应收	实收	单价	金额	单价	金额	
硅片			1000	1000	1000	1000000	1050	1050000	2000
合计						1000000		1050000	2000

记账联

仓库验收：华振江　　质量检验：吴 强　　收料：江春生

业务 17－1

电子发票（增值税专用发票）

全国统一发票监制章　实训专用　国家税务总局监制

发票号码：61620925395619700008
开票日期：2024年09月16日

购买方信息	名称：陕西永旭能源科技有限公司 统一社会信用代码/纳税人识别号：91610104847G93X232					销售方信息	名称：华耀玻璃工业集团股份有限公司 统一社会信用代码/纳税人识别号：91983704327G933987
项目名称	规格型号	单位	数量	单价	金额	税率/征收率	税额
玻璃		平方米	20000	4.8	96000.00	13%	12480.00
合　计					¥96000.00		¥12480.00
价税合计（大写）	⊗壹拾万零捌仟肆佰捌拾元整				（小写）¥108480.00		
备注							

开票人：安静

业务 17－2

中国工商银行　银行承兑汇票　　2

出票日期（大写）贰零贰肆年零玖月壹拾陆日　　第1021115号

出票人	全　称	陕西永旭能源科技有限公司	收款人	全　称	华耀玻璃工业集团股份有限公司
	账　号	3202837409372108472		账　号	3176193727610818729
	开户银行	中国工商银行西京路支行		开户银行	中国工商银行长安分行

汇票金额	人民币（大写）壹拾万零捌仟肆佰捌拾元整	百	十	万	千	百	十	元	角	分
		¥	1	0	8	4	8	0	0	0

汇票到期日（大写）	贰零贰肆年壹拾贰月壹拾陆日	承兑协议编号	5378
本汇票请你行承兑，到期无条件付款。 张伟印　明 陕西永旭能源科技有限公司 财务专用章 出票人签章 2024年09月16日	本汇票已经承兑，到期日由本行付款。 签章 备注：	记账 复核	

此联由申请人留存

业务 17－3

中国工商银行　收费凭证

2024年09月16日

户名	陕西永旭能源科技有限公司			账号	3202837409372108472	
收费项目	起止号码	数量	单价	工本费	手续费	邮电费
银行承兑汇票		1			30.5	
金额小计					30.5	
金额合计（大写）	叁拾元零伍角整				亿 千 百 十 万 千 百 十 元 角 分 ¥ 3 0 5 0	
备注：				开户银行签章	中国工商银行西京路支行 2024.09.16 收 讫	

第一联客户回单

主管：王倩文　　会计：　　复核：赵松　　记账：

业务 18－1

电子发票（增值税专用发票）

全国统一发票监制章　国家税务总局监制　实训专用

发票号码：61620925395619700009

开票日期：2024年09月17日

购买方信息	名称：陕西永旭能源科技有限公司 统一社会信用代码/纳税人识别号：91610104847G93X232	销售方信息	名称：西北通达金属材料有限公司 统一社会信用代码/纳税人识别号：98360109827F93X426

项目名称	规格型号	单位	数量	单价	金额	税率/征收率	税额
铜丝		米	3000	9.00	27000.00	13%	3510.00
铝框		米	8000	5.20	41600.00	13%	5408.00
合　计					¥68600.00		¥8918.00
价税合计（大写）	⊗柒万柒仟伍佰壹拾捌元整				（小写）¥77518.00		
备注							

开票人：侯静

业务 18－2

收料单

No.20801002

供货单位：西北通达金属材料有限公司　　日期：2024年09月17日

材料名称	规格	单位	数量		计划成本		实际成本		运费
			应收	实收	单价	金额	单价	金额	
铜丝			3000	3000	10	30000	9	27000	
合计						30000		27000	

记账联

仓库验收：华振江　　质量检验：吴 强　　收料：江春生

业务 18－3

收料单

No.20801003

供货单位：西北通达金属材料有限公司　　日期：2024年09月17日

材料名称	规格	单位	数量		计划成本		实际成本		运费
			应收	实收	单价	金额	单价	金额	
铝框			8000	8000	5	40000	5.2	41600	
合计						40000		41600	

记账联

仓库验收：华振江　　质量检验：吴 强　　收料：江春生

业务 19－1

电子发票（增值税专用发票）

国统一发票监制　实训专用　国家税务总局监制

发票号码：61620925395619700010

开票日期：2024年09月18日

购买方信息	名称：陕西永旭能源科技有限公司 统一社会信用代码/纳税人识别号：91610104847G93X232
销售方信息	名称：北京稀有新材料有限公司 统一社会信用代码/纳税人识别号：1936010447G93Z512

项目名称	规格型号	单位	数量	单价	金额	税率/征收率	税额
稀土元素		毫克	200	600	120000.00	13%	15600.00
合　计					120000.00		15600.00
价税合计（大写）	⊗壹拾叁万伍仟陆佰元整				（小写）¥135600.00		
备注							

开票人：陆万

业务 19－2

电子发票（增值税专用发票）

国统一发票监制　实训专用　国家税务总局监制

发票号码：61620925395619700011

开票日期：2024年09月18日

购买方信息	名称：陕西永旭能源科技有限公司 统一社会信用代码/纳税人识别号：91610104847G93X232
销售方信息	名称：北京稀有新材料有限公司 统一社会信用代码/纳税人识别号：1936010447G93Z512

项目名称	规格型号	单位	数量	单价	金额	税率/征收率	税额
运输费					2000.00	9%	180.00
合　计					¥2000.00		¥180.00
价税合计（大写）	⊗贰仟壹佰捌拾元整				（小写）¥2180.00		
备注							

开票人：陆万

业务 19－3

中国工商银行 银行汇票多余款 收账通知

汇票号码：606341

出票日期（大写）：贰零贰肆年零玖月壹拾捌日　　代理付款行：中国工商银行北京分行　　行号：1236

收款人	北京稀有新材料有限公司		账号：3176103738399818081										
汇款金额	人民币（大写）	壹拾肆万元整	(压数机压印出票金额)										
实际结算金额	人民币（大写）	壹拾叁万柒仟柒佰捌拾元整	亿	千	百	十	万	千	百	十	元	角	分
					¥	1	3	7	7	8	0	0	0
申请人	陕西永旭能源科技有限公司		账号：3202837409372108472										
出票行	中国工商银行西京路支行		行号：1173										
多余金额	（多余金额已收入你账户内）		亿	千	百	十	万	千	百	十	元	角	分
							¥	2	2	2	0	0	0

中国工商银行西京路支行 2024.09.18 转讫

复核：　　　　记账：

业务 19－4

收料单

No.20801004

供货单位：北京稀有新材料有限公司　　日期：2024年09月18日

材料名称	规格	单位	数量		计划成本		实际成本		运费
			应收	实收	单价	金额	单价	金额	
稀有元素		毫克	200	200	680	136000	600	120000	2000
合计						136000		120000	2000

记账联

仓库验收：华振江　　质量检验：吴 强　　收料：江春生

业务 20

收料单

No.20801005

供货单位：华耀玻璃工业集团股份有限公司　　　日期：2024年09月19日

材料名称	规格	单位	数量		计划成本		实际成本		运费
			应收	实收	单价	金额	单价	金额	
玻璃			20000	20000	5	100000	4.8	96000	
合计						100000		96000	

记账联

仓库验收：华振江　　质量检验：吴 强　　收料：江春生

业务 21－1

全国统一发票监制章 实训专用 国家税务总局监制

电子发票（增值税专用发票）

发票号码：61620925395619700012

开票日期：2024年09月20日

购买方信息	名称：陕西永旭能源科技有限公司 统一社会信用代码/纳税人识别号：91610104847G93X232	销售方信息	名称：西安兴盛材料有限公司 统一社会信用代码/纳税人识别号：47120106578G93X539

项目名称	规格型号	单位	数量	单价	金额	税率/征收率	税额
背板材料		块	300	19	5700.00	13%	741.00
绝缘材料		千克	200	31	6200.00	13%	806.00
合　计					¥11900.00		¥1547.00

价税合计（大写）	⊗壹万叁仟肆佰肆拾柒元整　　（小写）¥13447.00
备注	

开票人：卢王静

业务 21－2

电子发票（增值税专用发票）

全国统一发票监制章 实训专用 国家税务总局监制

发票号码：61620925395619700022

开票日期：2024年09月20日

购买方信息	名称：陕西永旭能源科技有限公司 统一社会信用代码/纳税人识别号：91610104847G93X232	销售方信息	名称：西安兴盛材料有限公司 统一社会信用代码/纳税人识别号：47120106578G93X539

项目名称	规格型号	单位	数量	单价	金额	税率/征收率	税额
运输费					500.00	9%	45.00
合　计					¥500.00		¥45.00
价税合计（大写）	⊗伍佰肆拾伍元整				（小写）¥545.00		
备注							

开票人：卢王静

业务 21－3

中国工商银行　网上银行电子回单

电子回单号码：3820-3820-9611-2977

付款人	名　称	陕西永旭能源科技有限公司	收款人	名　称	西安兴盛材料有限公司
	账　号	3202837409372108472		账　号	3198103737316817683
	开户银行	中国工商银行西京路支行		开户银行	中国工商银行西工大分行
金额		¥13992.00	金额大写		⊗壹万叁仟玖佰玖拾贰元整
摘要		购入材料	业务（产品）种类		
用途		购入材料			
交易流水号		29731807	时间戳		2024-09-20 09:24:20
		备注：			
		验证码：			
记账网点		60134	记账柜员 3611	记账日期	2024年09月20日

中国工商银行西京路支行 电子回单专用章

打印日期：2024年09月20日

业务 21－4

收 料 单

No.20801006

供货单位：西安兴盛材料有限公司 日期：2024年09月20日

材料名称	规格	单位	数量		计划成本		实际成本		运费
			应收	实收	单价	金额	单价	金额	
背板材料			300	300	20	6000	19	5700	300
合计						6000		5700	300

记账联

仓库验收：华振江 质量检验：吴 强 收料：江春生

业务 21－5

收 料 单

No.20801007

供货单位：西安兴盛材料有限公司 日期：2024年09月20日

材料名称	规格	单位	数量		计划成本		实际成本		运费
			应收	实收	单价	金额	单价	金额	
绝缘材料			200	200	30	6000	31	6200	200
合计						6000		6200	200

记账联

仓库验收：华振江 质量检验：吴 强 收料：江春生

业务 22－1

全国统一发票监制章 实训专用 国家税务总局监制

电子发票（增值税专用发票）

发票号码：61620925395619700013

开票日期：2024年09月21日

购买方信息	名称：陕西永旭能源科技有限公司 统一社会信用代码/纳税人识别号：91610104847G93X232	销售方信息	名称：西安尚品五金劳保店 统一社会信用代码/纳税人识别号：91320158347G93X271

项目名称	格型号规	单位	数量	单价	金额	税率/征收率	税额
工作服		套	60	300	18000.00	13%	2340.00
合　　计					¥18000.00		¥2340.00

价税合计（大写）	⊗ 贰万零叁佰肆拾元整　　（小写）¥20340.00
备注	

开票人：蒋四芬

业务 22－2

收 料 单

No.20801008

供货单位：西安尚品五金劳保店　　　　日期：2024年09月21日

材料名称	规格	单位	数量		计划成本		实际成本		运费
			应收	实收	单价	金额	单价	金额	
工作服			60	60			300	18000	
合计								18000	

记账联

仓库验收：华振江　　质量检验：吴 强　　收料：江春生

业务 22－3

中国工商银行　网上银行电子回单

电子回单号码：3820-3820-9611-2978

付款人	名　称	陕西永旭能源科技有限公司		收款人	名　称	西安尚品五金劳保店
	账　号	3202837409372108472			账　号	3265973724829811988
	开户银行	中国工商银行西京路支行			开户银行	中国工商银行丰京分行
金额		¥20340.00		金额大写		⊗贰万零叁佰肆拾元整
摘要		购入工作服		业务（产品）种类		
用途		购入工作服				
交易流水号		29731807		时间戳		2024-09-21 14:17:26
中国工商银行 电子回单 专用章		备注：				
		验证码：				
记账网点		60134	记账柜员 3611	记账日期		2024年09月21日

打印日期：2024年09月21日

业务 23－1

电子发票（增值税专用发票）

全国统一发票监制 实训专用 国家税务总局监制

发票号码：61620925395619700014

开票日期：2024年09月22日

购买方信息	名称：陕西永旭能源科技有限公司 统一社会信用代码/纳税人识别号：91610104847G93X232	销售方信息	名称：咸阳百来包装制品厂 统一社会信用代码/纳税人识别号：91610294887G9SJ628

项目名称	规格型号	单位	数量	单价	金额	税率/征收率	税额
包装箱		个	1000	4	4000.00	13%	520.00
合　计					¥4000.00		¥520.00
价税合计（大写）	⊗肆仟伍佰贰拾元整				（小写）¥4520.00		
备注							

开票人：田星星

业务 23－2

收 料 单

No.20801009

供货单位：咸阳百来包装制品厂　　　　　　　　日期：2024年09月22日

材料名称	规格	单位	数量		计划成本		实际成本		运费
			应收	实收	单价	金额	单价	金额	
包装箱			1000	1000			4	4000	
合计								4000	

记账联

仓库验收：华振江　　　　质量检验：吴 强　　　　收料：江春生

业务 23－3

中国工商银行　网上银行电子回单

电子回单号码：3820-3820-9611-2979

付款人	名　称	陕西永旭能源科技有限公司	收款人	名　称	咸阳百来包装制品厂
	账　号	3202837409372108472		账　号	3178233766530810911
	开户银行	中国工商银行西京路支行		开户银行	中国工商银行统一大道分行
金额		¥4520.00	金额大写		⊗肆仟伍佰贰拾元整
摘要		购进包装箱	业务（产品）种类		
用途		购进包装箱			
交易流水号		29731808	时间戳		2024-09-22 10:20:22
中国工商银行 电子回单 专用章		备注：			
		验证码：			
记账网点	60134	记账柜员	3611	记账日期	2024年09月22日

打印日期：2024年09月22日

业务 24－1

电子发票（增值税专用发票）

发票号码：61620925395619700015

开票日期：2024年09月23日

（印章：全国统一发票监制章 实训专用 国家税务总局监制）

购买方信息	名称：陕西永旭能源科技有限公司 统一社会信用代码/纳税人识别号：91610104847G93X232	销售方信息	名称：陕西红日能源科技有限公司 统一社会信用代码/纳税人识别号：67399294V8C54SJ543	

项目名称	规格型号	单位	数量	单价	金额	税率/征收率	税额
充电器生产线安装费					3000.00	13%	390.00
合　计					¥3000.00		¥390.00
价税合计（大写）	⊗叁仟叁佰玖拾元整				（小写）¥3390.00		
备注							

开票人：杨星同

业务 24－2

中国工商银行　网上银行电子回单

电子回单号码：3820-3820-9611-2980

付款人	名　　称	陕西永旭能源科技有限公司	收款人	名　　称	陕西红日能源科技有限公司
	账　　号	3202837409372108472		账　　号	346382872992018432
	开户银行	中国工商银行西京路支行		开户银行	中国工商银行城南分行
金额		¥3390.00	金额大写		⊗叁仟叁佰玖拾元整
摘要		安装费	业务（产品）种类		
用途		安装费			
交易流水号		29731809	时间戳		2024-09-23　14:26:23
（印章：中国工商银行 电子回单专用章）		备注：			
		验证码：			
记账网点	60134	记账柜员	3611	记账日期	2024年09月23日

打印日期：2024年09月23日

业务 24－3

固定资产交接单

No.90806008

2024年09月23日

固定资产名称	太阳能充电器生产线		
移交单位	陕西红日能源科技有限公司（9月6日）	接受单位	陕西永旭能源科技有限公司
规格	1栋	技术特征	/
建造企业	/	出厂或建成年月	2024年09月10日
安装单位	陕西红日能源科技有限公司	安装完工年月	2024年09月23日
预计使用年限	10年	年折旧率	6%
原值	405000.00元	使用部门	充电器车间
移交单位负责人	童泽军	接受单位负责人	彭 浩

业务 25－1

电子发票（增值税专用发票）

发票号码：61620925395619700016

开票日期：2024年09月24日

购买方信息	名称：陕西永旭能源科技有限公司 统一社会信用代码/纳税人识别号：91610104847G93X232
销售方信息	名称：陕西京鼎置业有限公司 统一社会信用代码/纳税人识别号：65322103637G93X552

项目名称	规格型号	单位	数量	单价	金额	税率/征收率	税额
房屋		栋	1	3500000.00	3500000.00	9%	315000.00
合　计					¥3500000.00		¥315000.00

价税合计（大写）	⊗ 叁佰捌拾壹万伍仟元整	（小写）¥3815000.00
备注		

开票人：徐静

业务 25－2

中 华 人 民 共 和 国
税收缴款书（税务收现专用）

地

No.01930572

登记注册类型：　　填发日期：2024年09月24日　　税务机关：国家税务总局西安市高新区税务分局

纳税人识别号	91610104847G93X232			纳税人名称	陕西永旭能源科技有限公司		
地址	陕西省西安市高新区科技五路 39 号						
税种	品目名称	课税数量	计税金额或销售收入	税率或单位税额	税款所属时期	已缴或扣除项	实缴金额
契税	房屋买卖	1	3500000.00	1.5%	2024-09-24~2024-09-24		52500.00
金额合计	（大写）⊠伍万贰仟伍佰元整						52500.00
国家税务总局西安市高新区税务分局 征税专用章	代征单位（盖章）	填票人	备注：				

业务 25－3

中国工商银行　网上银行电子回单

电子回单号码：3820-3820-9611-2981

付款人	名　　称	陕西永旭能源科技有限公司	收款人	名　　称	陕西京鼎置业有限公司
	账　　号	3202837409372108472		账　　号	3567255729816828556
	开户银行	中国工商银行西京路支行		开户银行	中国工商银行曲江分行
金额		¥3867500.00	金额大写		⊗叁佰捌拾陆万柒仟伍佰元整
摘要		办公楼	业务（产品）种类		
用途		办公楼			
交易流水号		29731810	时间戳		2024-09-24　11:27:24
中国工商银行 电子回单专用章		备注： 验证码：			
记账网点		60134	记账柜员 3611	记账日期	2024年09月24日

打印日期：2024年09月24日

业务 25－4

固定资产交接单

No. 90806009

2024 年 09 月 24 日

固定资产名称	房屋（办公楼）		
移交单位	购入	接受单位	陕西永旭能源科技有限公司
规格	/	技术特征	/
建造企业	陕西京鼎置业有限公司	出厂或建成年月	2024 年 03 月 10 日
安装单位	/	安装完工年月	/
预计使用年限	/	年折旧率	4.8%
原值	3552500.00 元	使用部门	管理部门
移交单位负责人	/	接受单位负责人	彭浩

业务 26

中国工商银行　网上银行电子回单

电子回单号码：3820-3820-9611-2982

付款人	名　　称	陕西永旭能源科技有限公司	收款人	名　　称	西北通达金属材料有限公司
	账　　号	3202837409372108472		账　　号	3122783738569818092
	开户银行	中国工商银行西京路支行		开户银行	中国工商银行未央分行
金额		¥77518.00	金额大写		⊗柒万柒仟伍佰壹拾捌元整
摘要		购买材料	业务（产品）种类		
用途		购买材料			
交易流水号		29731811	时间戳		2024-09-25 13:25:19
中国工商银行 电子回单 专用章		备注：			
		验证码：			
记账网点	60134	记账柜员	3611	记账日期	2024年09月25日

打印日期：2024年09月25日

业务 27－1

全国统一发票监制章 国家税务总局监制

电子发票（增值税专用发票）

发票号码：61620925395619700017

开票日期：2024年09月26日

购买方信息	名称：陕西永旭能源科技有限公司 统一社会信用代码/纳税人识别号：91610104847G93X232	销售方信息	名称：西安自来水公司 统一社会信用代码/纳税人识别号：61393244V8C58SJ556

项目名称	规格型号	单位	数量	单价	金额	税率/征收率	税额
自来水		吨	800	3.50	2800.00	9%	252.00
合　计					¥2800.00		¥252.00
价税合计（大写）	⊗叁仟零伍拾贰元整				（小写）¥3052.00		
备注							

开票人：陈静

业务 27－2

中国工商银行　托收承付凭证（回单）

托收号码：1752

委托日期：2024年09月24日　　承付到期日　2024年09月26日

付款人	全　称	陕西永旭能源科技有限公司	收款人	全　称	西安自来水公司
	账　号	3202837409372108472		账　号	61393244V8C58SJ556
	开户银行	中国工商银行西京路支行		开户银行	西安银行太白路支行
托收金额	人民币（大写）叁仟零伍拾贰元整				百 十 万 千 百 十 元 角 分 ¥ 3 0 5 2 0 0
款项内容	托收水费	托收凭据名称	/	附寄单证张数或册数	2
商品发运情况	/		合同名称号码		/
备注： 收款人开户银行收到日期： 2024年09月26日		（收款人开户银行盖章） 2024年09月26日			

西安银行太白路支行 2024.09.26 转讫

此联由收款人留存

业务 28－1

国统一发票监制
实训专用
国家税务总局监制

电子发票（增值税专用发票）

发票号码：61620925395619700018

开票日期：2024年09月27日

购买方信息	名称：陕西永旭能源科技有限公司 统一社会信用代码/纳税人识别号：91610104847G93X232	销售方信息	名称：西安电力公司 统一社会信用代码/纳税人识别号：61453644V8H58SJ589

项目名称	型号	单位	数量	单价	金额	税率/征收率	税额
电		度	1 500	1.50	2250.00	13%	292.50
合　计					¥2250.00		¥292.50
价税合计（大写）	⊗贰仟伍佰肆拾贰元伍角整				（小写）¥2542.50		
备注							

开票人：陈某

业务 28－2

中国工商银行　托收承付凭证（回单）

托收号码：1753

委托日期：2024年09月25日　　承付到期日 2024年09月27日

付款人	全　称	陕西永旭能源科技有限公司	收款人	全　称	西安电力公司
	账　号	3202837409372108472		账　号	2664828739742924270
	开户银行	中国工商银行西京路支行		开户银行	西安银行太白路支行
托收金额	人民币（大写）贰仟伍佰肆拾贰元伍角				
款项内容	托收电费	托收凭据名称	/	附寄单证张数或册数	2
商品发运情况	/		合同名称号码	/	
备注： 收款人开户银行收到日期： 2024年09月27日	（收款人开户银行盖章） 2024年09月27日				

百	十	万	千	百	十	元	角	分
		¥	2	5	4	2	5	0

西安银行太白路支行
2024.09.26
转
讫

此联由收款人留存

业务 29

中 华 人 民 共 和 国
税收缴款书（税务收现专用）

No.01930573

登记注册类型：　　填发日期：2024年09月28日　　税务机关：国家税务总局西安市高新区税务分局

纳税人识别号	91610104847G93X232			纳税人名称	陕西永旭能源科技有限公司		
地址	陕西省西安市高新区科技五路39号						
税种	品目名称	课税数量	计税金额或销售收入	税款所属时期	入（退）库日期	已缴或扣除项	实缴金额
印花税		1		2024-09-28~2024-09-28	2024-09-28		60000.00
金额合计	（大写）⊗ 陆万元整						60000.00
税务机关（盖章） 国家税务总局西安市高新区税务分局 征税专用章		填票人 马君	备注：				

业务 30－1

中国工商银行　网上银行电子回单

电子回单号码：3820-3820-9611-2983

付款人	名　称	陕西永旭能源科技有限公司		收款人	名　称	
付款人	账　号	3202837409372108472		收款人	账　号	
付款人	开户银行	中国工商银行西京路支行		收款人	开户银行	
金额		¥338800.00		金额大写		⊗叁拾叁万捌仟捌佰元整
摘要		工资		业务（产品）种类		
用途		工资				
交易流水号		29731812		时间戳		2024-09-29　15:19:29
中国工商银行 电子回单专用章		备注： 验证码：				
记账网点		60134	记账柜员　3611	记账日期		2024年09月29日

打印日期：2024年09月29日

业务 30 - 2

2024 年 9 月工资汇总表

2024 年 09 月 29 日　　　　单位：元

部门		基本工资	岗位工资	绩效工资	应发工资	基本养老保险	基本医疗保险	工伤保险	失业保险	住房公积金	实发工资
电池板车间	生产工人	45000	54000	81500	180500	14440	3610	0	541.5	9025	152883.50
	管理人员	2500	3000	4000	9500	760	190	0	28.5	475	8046.50
充电器车间	生产工人	22500	27000	41000	90500	7240	1810	0	271.5	4525	76653.50
	管理人员	2500	3000	4000	9500	760	190	0	28.5	475	8046.50
测试车间		3000	3600	5400	12000	960	240	0	36	600	10164.00
采购部门		4500	5400	8100	18000	1440	360	0	54	900	15246.00
销售部门		5000	6000	9000	20000	1600	400	0	60	1000	16940.00
行政办公室		7500	9000	13500	30000	2400	600	0	90	1500	25410.00
财务处		5000	6000	9000	20000	1600	400	0	60	1000	16940.00
人事处		2500	3000	4500	10000	800	200	0	30	500	8470.00
合计		100000	120000	180000	400000	32000	8000	0	1200	20000	338800.00

业务 31（需要学生填制本张空白票据）

工资费用分配表

2024 年 09 月 30 日　　　　单位：元

部门、产品			工资分配额
基本生产成本	电池板车间	电池板	
	充电器车间	充电器	
制造费用	电池板车间	电池板	
	充电器车间	充电器	
辅助生产成本	测试车间		
管理费用			
销售费用			
合计			

业务 32（需要学生填制空白票据）

工会经费和职工教育经费计提计算表

2024 年 09 月 30 日　　单位：元

部门、产品			工资总额	工会经费比例	职工教育经费比例	工会经费金额	职工教育经费金额
基本生产成本	电池板车间	电池板					
	充电器车间	充电器					
制造费用	电池板车间	电池板					
	充电器车间	充电器					
辅助生产成本	测试车间						
管理费用							
销售费用							
合计							

业务 33－1（需要学生填制本张空白票据）

社会保险费计提计算表

2024 年 09 月 30 日　　单位：元

部门、产品			工资总额	比例				金额			
				基本养老	基本医疗	失业	工伤	基本养老	基本医疗	失业	工伤
基本生产成本	电池板车间	电池板									
	充电器车间	充电器									
制造费用	电池板车间	电池板									
	充电器车间	充电器									
辅助生产成本	测试车间										
管理费用											
销售费用											
合计											

主管：　　审核：　　制表：

业务 33－2（需要学生填制本张空白票据）

住房公积金计提计算表

2024 年 09 月 30 日　　单位：元

部门、产品			工资总额	比例	金额
基本生产成本	电池板车间	电池板			
	充电器车间	充电器			
制造费用	电池板车间	电池板			
	充电器车间	充电器			
辅助生产成本	测试车间				
管理费用					
销售费用					
合计					

主管：　　　审核：　　　制表：

业务 34（需要学生填制本张空白票据）

借款利息计算表

2024 年 09 月 30 日　　单位：元

借款种类	借款金额	借款周期	年利率	本月计提利息
合计				

业务 35

中国工商银行　利息清单

2024 年 09 月 30 日

单位名称：陕西永旭能源科技有限公司		账号：3202837409372108472	
时间	天数	年利率	利息金额
2024.09.30	75	0.28%	1166.67
上列利息已照付，你单位做增款处理。		银行签章	

中国工商银行西京路支行
2024.09.30
转
讫

第二联：客户收款凭证

会计：吴磊　　复核：赵艺　　记账：向红

业务 36（需要学生填制本张空白票据，本月只结转管理费用）

损益类账户发生额计算表

2024 年 9 月 30 日　　单位：元

项目	贷方发生额	借方发生额
主营业务收入		
其他业务收入		
投资收益		
营业外收入		
主营业务成本		
其他业务成本		
税金及附加		
管理费用		
销售费用		
财务费用		
资产减值损失		
公允价值变动损益		
营业外支出		
合计		

主管：　　会计：

业务 37－1（需要学生填制本张空白票据）

资产负债表

会企 01 表

编制单位：陕西永旭能源科技有限公司　　2024 年 9 月 30 日　　单位：元

资产	期末余额	期初余额	负债和所有者权益（或股东权益）	期末余额	期初余额
流动资产：			流动负债：		
货币资金			短期借款		
交易性金融资产			交易性金融负债		
衍生金融资产			衍生金融负债		
应收票据			应付票据		
应收账款			应付账款		
应收款项融资			预收款项		
预付款项			合同负债		
其他应收款			应付职工薪酬		
存货			应交税费		
合同资产			其他应付款		
持有待售资产			持有待售负债		
一年内到期的非流动资产			一年内到期的非流动负债		
其他流动资产			其他流动负债		
流动资产合计			流动负债合计		
非流动资产：			非流动负债：		
债权投资			长期借款		
其他债权投资			应付债券		
长期应收款			其中：优先股		
长期股权投资			永续债		
其他权益工具投资			租赁负债		
其他非流动金融资产			长期应付款		
投资性房地产			预计负债		
固定资产			递延收益		
在建工程			递延所得税负债		
生产性生物资产			其他非流动负债		
油气资产			非流动负债合计		
使用权资产			负债合计		
无形资产			所有者权益（或股东权益）：		

续表

资产	期末余额	期初余额	负债和所有者权益（或股东权益）	期末余额	期初余额
开发支出			实收资本（或股本）		
商誉			其他权益工具		
长期待摊费用			其中：优先股		
递延所得税资产			永续债		
其他非流动资产			资本公积		
非流动资产合计			减：库存股		
			其他综合收益		
			专项储备		
			盈余公积		
			未分配利润		
			所有者权益（或股东权益）合计		
资产总计			负债和所有者权益（或股东权益）总计		

业务 37 – 2（需要学生填制本张空白票据）

利润表

企业 02 表

编制单位：陕西永旭能源科技有限公司　　2024 年 9 月　　单位：元

项目	本期金额	上期金额
一、营业收入		
减：营业成本		
税金及附加		
销售费用		
管理费用		
研发费用		
财务费用		
其中：利息费用		
利息收入		
加：其他收益		
投资收益（损失以“—”号填列）		
其中：对联营企业和合营企业的投资收益		
以摊余成本计量的金融资产终止确认收益（损失以“—”号填列）		
净敞口套期收益（损失以“—”号填列）		
公允价值变动收益（损失以“—”号填列）		
信用减值损失（损失以“—”号填列）		
资产减值损失（损失以“—”号填列）		
资产处置收益（损失以“—”号填列）		
二、营业利润（亏损以“—”号填列）		
加：营业外收入		
减：营业外支出		
三、利润总额（亏损总额以“—”号填列）		
减：所得税费用		
四、净利润（净亏损以“—”号填列）		
（一）持续经营净利润（净亏损以“—”号填列）		
（二）终止经营净利润（净亏损以“—”号填列）		
五、其他综合收益的税后净额		
（一）不能重分类进损益的其他综合收益		
1. 重新计量设定受益计划变动额		
2. 权益法下不能转损益的其他综合收益		
3. 其他权益工具投资公允价值变动		

续表

项目	本期金额	上期金额
4. 企业自身信用风险公允价值变动		
……		
（二）将重分类进损益的其他综合收益		
1. 权益法下可转损益的其他综合收益		
2. 其他债权投资公允价值变动		
3. 金融资产重分类计入其他综合收益的金额		
4. 其他债权投资信用减值准备		
5. 现金流量套期储备		
6. 外币财务报表折算差额		
……		
六、综合收益总额		
七、每股收益：		
（一）基本每股收益		
（二）稀释每股收益		

业务 37－3（需要学生填制本张空白票据）

增值税纳税申报表

（增值税一般纳税人适用）

根据国家税收法律法规及增值税相关规定制定本表。纳税人不论有无销售额，均应按主管税务机关核定的纳税期限填写本表，并向当地税务机关申报。

税款所属时间：自 2024 年　月　日至 2024 年　月　日　　　填表日期：2024 年　月　日　　　金额单位：元（至角分）

纳税人识别号（统一社会信用代码）：　　　所属行业：

纳税人名称：		法定代表人姓名		注册地址		生产经营地址	
开户银行及账号		登记注册类型				电话号码	

项目		栏次	一般项目		即征即退项目	
			本月数	本年累计	本月数	本年累计
销售额	（一）按适用税率计税销售额	1				
	其中：应税货物销售额	2				
	应税劳务销售额	3				
	纳税检查调整的销售额	4				
	（二）按简易办法计税销售额	5				
	其中：纳税检查调整的销售额	6				
	（三）免、抵、退办法出口销售额	7				
	（四）免税销售额	8				
	其中：免税货物销售额	9				
	免税劳务销售额	10				
税款计算	销项税额	11				
	进项税额	12				
	上期留抵税额	13				
	进项税额转出	14				

续表

项目		栏次	一般项目		即征即退项目	
			本月数	本年累计	本月数	本年累计
税款计算	免、抵、退应退税额	15				
	按适用税率计算的纳税检查应补缴税额	16				
	应抵扣税额合计	17＝12＋13－14－15＋16				
	实际抵扣税额	18（如17＜11，则为17，否则为11）				
	应纳税额	19＝11－18				
	期末留抵税额	20＝17－18				
	简易计税办法计算的应纳税额	21				
	按简易计税办法计算的纳税检查应补缴税额	22				
	应纳税额减征额	23				
	应纳税额合计	24＝19＋21－23				
税款缴纳	期初未缴税额（多缴为负数）	25				
	实收出口开具专用缴款书退税额	26				
	本期已缴税额	27＝28＋29＋30＋31				
	①分次预缴税额	28				
	②出口开具专用缴款书预缴税额	29				
	③本期缴纳上期应纳税额	30				
	④本期缴纳欠缴税额	31				
	期末未缴税额（多缴为负数）	32＝24＋25＋26－27				

续表

项目		栏次	一般项目		即征即退项目	
			本月数	本年累计	本月数	本年累计
税款缴纳	其中：欠缴税额（≥0）	33＝25＋26－27				
	本期应补（退）税额	34＝24－28－29				
	即征即退实际退税额	35				
	期初未缴查补税额	36				
	本期入库查补税额	37				
	期末未缴查补税额	38＝16＋22＋36－37				
附加税费	城市维护建设税本期应补（退）税额	39				
	教育费附加本期应补（退）费额	40				
	地方教育附加本期应补（退）费额	41				

声明：此表是根据国家税收法律法规及相关规定填写的，本人（单位）对填报内容（及附带资料）的真实性、可靠性、完整性负责。

纳税人（签章）： 年 月 日

经办人： 经办人身份证号： 代理机构签章： 代理机构统一社会信用代码：	受理人： 受理税务机关（章）： 受理日期： 年 月 日

二、正常经营期间经济业务的原始凭证

业务 1－1

中国工商银行 INDUSTRIAL AND COMMERCIAL BANK OF CHINA

中国工商银行 电汇 凭证（回单）　1

□普通　□加急　　委托日期：2024年10月01日　　第811号

汇款人	全　称	陕西永旭能源科技有限公司		收款人	全　称	南京盈科电气有限公司		
	账　号 或地址	3202837409372108472 陕西省西安市高新区科技五路 39 号			账　号 或地址	3167213729816817663 江苏省南京市高新区秦淮路 39 号		
	汇出地点	陕西西安	汇出行名称：中国工商银行西京路支行		汇入地点	江苏南京	汇入行名称	中国工商银行秦淮分行
金　额	人民币（大写）伍万元整							
汇款用途	货款							

百	十	万	千	百	十	元	角	分
	¥	5	0	0	0	0	0	0

上列款项根据委托办理，如需查询，请持此回单来行面洽。

汇出行盖章　2024年10月01日

（印章：中国工商银行西京路支行 2024.10.01 转讫）

单位主管　　会计　　复核　　记账

此联是汇出银行给汇款人的回单

业务 1－2

中国工商银行　收费凭证

2024年10月01日

户名	陕西永旭能源科技有限公司			账号	3202837409372108472	
收费项目	起止号码	数量	单价	工本费	手续费	邮电费
电汇					0.5	10.00
金额小计					0.5	10.00
金额合计（大写）	壹拾元零伍角整					

亿	千	百	十	万	千	百	十	元	角	分
						¥	1	0	5	0

（印章：中国工商银行西京路支行 2024.10.01 转讫）

制票：王倩文　　会计：　　复核：赵松　　记账：

第一联客户回单

业务 2－1

电子发票（增值税专用发票）

全国统一发票监制章 国家税务总局监制

发票号码：61620925395619700019

开票日期：2024年10月02日

购买方信息	名称：陕西永旭能源科技有限公司 统一社会信用代码/纳税人识别号：91610104847G93X232			销售方信息	名称：南京盈科电气有限公司 统一社会信用代码/纳税人识别号：78420103637G93X456		
项目名称	规格型号	单位	数量	单价	金额	税率/征收率	税额
充电控制电路		套	300	190	57000.00	13%	7410.00
合　计					¥57000.00		¥7410.00
价税合计（大写）	⊗ 陆万肆仟肆佰壹拾元整				（小写）¥64410.00		
备注							

开票人：龙海

业务 2－2

收 料 单

No.20801010

供货单位：南京盈科电气有限公司　　　　日期：2024年10月02日

材料名称	规格	单位	数量		计划成本		实际成本		运费
			应收	实收	单价	金额	单价	金额	
充电控制电路		套	300	300	200	60000	190	57000	
合计						60000		57000	

记账联

仓库验收：华振江　　　质量检验：吴 强　　　收料：江春生

业务 3－1

电子发票（增值税专用发票）

（全国统一发票监制 实训专用 国家税务总局监制）

发票号码：61620925395619700020

开票日期：2024年10月03日

购买方信息	名称：陕西永旭能源科技有限公司 统一社会信用代码/纳税人识别号：91610104847G93X232			销售方信息	名称：西安昌明电源有限公司 统一社会信用代码/纳税人识别号：91610104627G93A678		
项目名称	规格型号	单位	数量	单价	金额	税率/征收率	税额
蓄电池		个	300	250	75000.00	13%	9750.00
合　计					¥75000.00		¥9750.00
价税合计（大写）	⊗捌万肆仟柒佰伍拾元整				（小写）¥84750.00		
备注							

开票人：贾某仪

业务 3－2

中国工商银行　网上银行电子回单

电子回单号码：3820-3820-9611-2984

付款人	名　　称	陕西永旭能源科技有限公司	收款人	名　　称	西安昌明电源有限公司
	账　　号	3202837409372108472		账　　号	3162973727610815219
	开户银行	中国工商银行西京路支行		开户银行	中国工商银行航天分行
金额		¥84750.00	金额大写		⊗捌万肆仟柒佰伍拾元整
摘要		蓄电池	业务（产品）种类		
用途		材料款			
交易流水号		29731813	时间戳		2024-10-03　14:39:25
中国工商银行 电子回单 专用章		备注： 验证码：			
记账网点	60134	记账柜员	3611	记账日期	2024年10月03日

业务 3－3

收 料 单

No.20801011

供货单位：西安昌明电源有限公司　　　　日期：2024年10月03日

材料名称	规格	单位	数量		计划成本		实际成本		运费
			应收	实收	单价	金额	单价	金额	
蓄电池			300	300	240	72000	250	75000	
合计						72000		75000	

记账联

仓库验收：华振江　　质量检验：吴 强　　收料：江春生

业务 4－1

领 料 单

No.30905001

领料部门：电池板车间　　　　日期：2024年10月04日

材料名称	规格	单位	数量		计划成本		用途
			请领	实领	单价	金额	
硅片		个	100	100	1000	100000	
玻璃		平方米	2000	2000	5	10000	
铜丝		米	300	300	10	3000	
合计						113000	

记账联

仓库主管：李 为　　发料：梁 安　　领料部门主管：尚嘉铭　　领料：许 恒

业务 4－2

领 料 单

No.30905002

领料部门：电池板车间　　　　日期：2024年10月04日

材料名称	规格	单位	数量		计划成本		用途
			请领	实领	单价	金额	
稀土元素		毫克	50	50	680	34000	
背板材料		块	100	100	20	2000	
合计						36000	

记账联

仓库主管：李为　发料：梁安　领料部门主管：尚嘉铭　领料：许恒

业务 4－3

领 料 单

No.30905003

领料部门：充电器车间　　　　日期：2024年10月04日

材料名称	规格	单位	数量		计划成本		用途
			请领	实领	单价	金额	
充电控制电路		套	50	50	200	10000	
蓄电池		个	50	50	240	12000	
合计						22000	

记账联

仓库主管：李为　发料：梁安　领料部门主管：尚小铭　领料：许小恒

业务 4－4

领 料 单

No.30905004

领料部门：电池板车间（辅助材料）　　日期：2024年10月04日

材料名称	规格	单位	数量		计划成本		用途
			请领	实领	单价	金额	
铝框		米	300	300	5	1500	
绝缘材料		千克	100	100	30	3000	
合计						4500	

记账联

仓库主管：李 为　发料：梁 安　领料部门主管：尚嘉铭　领料：许 恒

业务 4－5

领 料 单

No.30905005

领料部门：电池板车间（周转材料）　　日期：2024年10月04日

材料名称	规格	单位	数量		计划成本		用途
			请领	实领	单价	金额	
工作服		套	10	10	100	1000	
包装箱		个	140	140	10	1400	
合计						2400	

记账联

仓库主管：李 为　发料：梁 安　领料部门主管：尚嘉铭　领料：许 恒

业务 4－6

领 料 单

No.30905006

领料部门：充电器车间（周转材料）　　日期：2024年10月04日

材料名称	规格	单位	数量		计划成本		用途
			请领	实领	单价	金额	
工作服		套	10	10	100	1000	
包装箱		个	70	70	10	700	
合计						1700	

记账联

仓库主管：李 为　发料：梁 安　领料部门主管：尚小铭　领料：许小恒

业务 4－7

领 料 单

No.30905007

领料部门：测试车间（周转材料）　　日期：2024年10月04日

材料名称	规格	单位	数量		计划成本		用途
			请领	实领	单价	金额	
工作服		套	3	3	100	300	
合计						300	

记账联

仓库主管：李 为　发料：梁 安　领料部门主管：尚大铭　领料：许大恒

业务 5－1

电子发票（增值税专用发票）

发票号码：61620925395619700021

开票日期：2024年10月05日

购买方信息	名称：陕西永旭能源科技有限公司 统一社会信用代码/纳税人识别号：91610104847G93X232	销售方信息	名称：西安盛名广告有限公司 统一社会信用代码/纳税人识别号：69443644V8H67SJ512

项目名称	规格型号	单位	数量	单价	金额	税率/征收率	税额
广告费				42000.00	42000.00	6%	2520.00
合　计					¥42000.00		¥2520.00
价税合计（大写）	⊗肆万肆仟伍佰贰拾元整				（小写）	¥44520.00	
备注							

开票人：林和方

业务 5－2

中国工商银行　网上银行电子回单

电子回单号码：3820-3820-9611-2985

付款人	名　称	陕西永旭能源科技有限公司	收款人	名　称	西安盛名广告有限公司
	账　号	3202837409372108472		账　号	2764878739742724290
	开户银行	中国工商银行西京路支行		开户银行	中国工商银行航空分行
金额		¥44520.00	金额大写		⊗肆万肆仟伍佰贰拾元整
摘要		广告费	业务（产品）种类		
用途		广告费			
交易流水号		29731814	时间戳		2024-10-05 16:21:39
（印章：中国工商银行 电子回单专用章）		备注：			
		验证码：			
记账网点	60134	记账柜员	3611	记账日期	2024年10月05日

业务 6－1

电子发票（普通发票）

实训专用

统一发票监制 国家税务总局监制

发票号码：61620925395619700022

开票日期：2024年10月06日

购买方信息	名称：陕西永旭能源科技有限公司 统一社会信用代码/纳税人识别号：91610104847G93X232	销售方信息	名称：西安福来餐饮公司 统一社会信用代码/纳税人识别号：69213649V8H67SJ678

项目名称	规格型号	单位	数量	单价	金额	税率/征收率	税额
餐饮费				1800.00	1800.00	3%	54.00
合　计					¥1800.00		¥54.00
价税合计（大写）	⊗壹仟捌佰伍拾肆元整				（小写）¥1854.00		
备注							

开票人：华法林

业务 6－2

费用报销审批表　　1

日期：2024年10月06日　　№：20241559

经办人	张阳	所在部门	生产部门	用途说明： 业务招待费（招待湖北客户用餐） 原始凭证（发票）
验证人	张宏超	部门负责人	张宏超	
金额（大写）壹仟捌佰伍拾肆元整		¥1854.00		
原借款：无				
应补现金：1854.00元		应退余额：无		
会计主管审批 张某 2024年10月06日	单位主管审批 李某 2024年10月06日	领导审批 朱东 2024年10月06日		单据及附件共 1 页

会计主管：张某　　复核：田某　　出纳：同某　　领款人：张阳

业务 7

借 款 单

No.36983001

2024年10月07日　　单位：元

单位或部门	销售部门	借款人姓名	李思源	借款事由	出差
申请借款金额	金额（大写）肆仟元整　¥4000.00				备注：
批准金额	金额（大写）肆仟元整　¥4000.00				
领导批示	同意　李潇		借款人	李思源	

业务 8－1

西安市社会保险缴费专用票据

2024年10月08日　　N 4000856421

交款单位		陕西永旭能源科技有限公司		交款方式	汇款
		基本养老保险	基本医疗保险	失业保险	工伤保险
本月应交数据	（1）单位缴费基数（元）	400000	400000	400000	400000
	（2）单位缴费比例（%）	16.0	8.0	0.7	0.9
	（3）单位缴费额（元）	64000	32000	2800	3600
	（4）个人缴费基数（元）	400000	400000	400000	400000
	（5）个人缴费比例（%）	8.0	2.0	0.3	0
	（6）个人缴费额（元）	32000	8000	1200	0
	本月应缴合计（元）	96000	40000	4000	3600
滞纳金（元）		0	0	0	0
应交基金总额（元）		96000	40000	4000	3600
应交基金总额（大写）⊗壹拾肆万叁仟陆佰元整			小写：¥143600.00		
收款单位（公章） 西安市社会保险管理中心			收款人：王保民		

（印章：西安市社会保险管理中心）

业务 8－2

西安市住房公积金 汇缴款书

2024年10月08日　　N 4000856422

交款单位	陕西永旭能源科技有限公司					交款方式			汇款					
人民币（大写）	肆万元整			千	百	十	万	千	百	十	元	角	分	
						¥	4	0	0	0	0	0	0	
上月汇缴	本月增加汇缴	本月减少汇缴	本月汇缴											
40000.00	0.00	0.00	40000.00											

收款单位（公章）
西安市住房公积金管理中心　　　　收款人：李保国

业务 8－3

中国工商银行　网上银行电子回单

电子回单号码：3820-3820-9611-2986

付款人	名　称	陕西永旭能源科技有限公司	收款人	名　称	西安市社会保险管理中心
	账　号	3202837409372108472		账　号	3567258929816828361
	开户银行	中国工商银行西京路支行		开户银行	中国工商银行大雁塔分行
金额		¥143600.00	金额大写		⊗壹拾肆万叁仟陆佰元整
摘要		社会保险费	业务（产品）种类		
用途		社会保险费			
交易流水号		29731815	时间戳		2024-10-08 11:18:26
中国工商银行 电子回单专用章		备注：			
		验证码：			
记账网点	60134	记账柜员	3611	记账日期	2024年10月08日

打印日期：2024年10月08日

业务 8－4

中国工商银行　网上银行电子回单

电子回单号码：3820-3820-9611-2987

付款人	名　　称	陕西永旭能源科技有限公司	收款人	名　　称	西安市住房公积金管理中心
	账　　号	3202837409372108472		账　　号	3532255729816828094
	开户银行	中国工商银行西京路支行		开户银行	中国工商银行小雁塔分行
金额		¥40000.00	金额大写		⊗肆万元整
摘要		社会公积金	业务（产品）种类		
用途		住房公积金			
交易流水号		29731816	时间戳		2024-10-08　10:10:12
中国工商银行西京路支行 电子回单 专用章		备注：			
		验证码：			
记账网点	60134	记账柜员	3611	记账日期	2024年10月08日

打印日期：2024年10月08日

业务 9－1

电子发票（增值税专用发票）

全国统一发票监制 实训专用 国家税务总局监制

发票号码：61620925395619700023

开票日期：2024年10月09日

购买方信息	名称：陕西永旭能源科技有限公司 统一社会信用代码/纳税人识别号：91610104847G93X232			销售方信息	名称：陕西太阳能公司 统一社会信用代码/纳税人识别号：65413660V8H67SJ123		
项目名称	规格型号	单位	数量	单价	金额	税率/征收率	税额
商标使用权			1	10000.00	10000.00	6%	600.00
合　　计					¥10000.00		¥600.00
价税合计（大写）	⊗壹万零陆佰元整				（小写）¥10600.00		
备注							

开票人：高德汇

业务 9－2

中国工商银行 网上银行电子回单

电子回单号码：3820-3820-9611-2988

付款人	名　　称	陕西永旭能源科技有限公司	收款人	名　　称	陕西太阳能公司
	账　　号	3202837409372108472		账　　号	2544878768742724961
	开户银行	中国工商银行西京路支行		开户银行	中国工商银行城西分行
金额		¥10600.00	金额大写		⊗壹万零陆佰元整
摘要		商标使用权	业务（产品种类）		
用途		支付商标权使用费			
交易流水号		29731820	时间戳		2024-10-09　16:14:28
中国工商银行 电子回单 专用章		备注：			
		验证码：			

记账网点	60134	记账柜员	3611	记账日期	2024年10月09日

打印日期：2024年10月09日

业务 10－1

费用报销审批表　　1

日期：2024年10月10日　　№：20241565

经办人	李思源	所在部门	销售部门	用途说明： 销售部门李思源报销出差费用应补现金 356.90 元。 原始凭证（交通费、住宿费）
验证人	丁某龙	部门负责人	田某强	
金额（大写）肆仟叁佰伍拾陆元玖角整　¥4356.90				
原借款：4000.00元				
应补现金：356.90元		应退余额：无		
会计主管审批 张某 2024年10月10日	单位主管审批 李福海 2024年10月10日	领导审批 朱东 2024年10月10日		单据及附件共 8 页

会计主管：张某　　复核：　　出纳：同某　　领款人：李思源

业务 10－2（学生填制空白差旅费报销单）

差 旅 费 报 销 单

2024年10月10日

<table>
<tr><td colspan="2">姓名</td><td colspan="2">李思源</td><td colspan="3">出差事由</td><td colspan="2">联系业务</td><td colspan="2">出差日期</td><td colspan="4">自　　年　月　　日
至　　年　月　　日　共　　天</td></tr>
<tr><td colspan="3">出发地</td><td colspan="3">到达地</td><td rowspan="2">车船费</td><td colspan="3">出差补助</td><td rowspan="2">住宿费</td><td rowspan="2">市内车费</td><td rowspan="2">邮电费</td><td rowspan="2">其他</td><td rowspan="2">合计</td></tr>
<tr><td>月</td><td>日</td><td>起点</td><td>月</td><td>日</td><td>终点</td><td>天数</td><td>标准</td><td>金额</td></tr>
<tr><td></td><td></td><td></td><td></td><td></td><td></td><td></td><td></td><td></td><td></td><td></td><td></td><td></td><td></td><td></td></tr>
<tr><td></td><td></td><td></td><td></td><td></td><td></td><td></td><td></td><td></td><td></td><td></td><td></td><td></td><td></td><td></td></tr>
<tr><td></td><td></td><td></td><td></td><td></td><td></td><td></td><td></td><td></td><td></td><td></td><td></td><td></td><td></td><td></td></tr>
<tr><td colspan="6">小计：</td><td></td><td></td><td></td><td></td><td></td><td></td><td></td><td></td><td></td></tr>
<tr><td colspan="9">合计（大写）：</td><td colspan="6">预支　　元　核销　　元　退（补）　　元</td></tr>
</table>

会计主管：　　　　　部门：　　　　　审核：

业务 10－3

12E002024　　　　　　　　检票口 11

西安北站　　G789 次　　武 汉站

Xi’anbei　　→　　Wuhan

2024 年 10 月 07 日 8:50 开　　03 车 025 号

¥ 453.20 元　㊺　　二等座

限乘当日当次车

6101131991****3456 李思源

报销凭证 遗失不补

退票改签时须交回车站

西安北站售

业务 10－4

电子发票（普通发票）

发票号码：61620925395619701986

开票日期：2024年10月07日

购买方信息	名称：陕西永旭能源科技有限公司 统一社会信用代码/纳税人识别号：91610104847G93X232	销售方信息	名称：武汉捷达运输服务有限公司 统一社会信用代码/纳税人识别号：65415823V3C54SJ002

项目名称	规格型号	单位	数量	单价	金额	税率/征收率	税额
客运服务费					70.00	3%	2.10
合　　计					¥70.00		¥2.10
价税合计（大写）	⊗柒拾贰元壹角整				（小写）¥72.10		
备注							

开票人：伍回归

业务 10－5

电子发票（普通发票）

发票号码：61620925395619701987

开票日期：2024年10月10日

购买方信息	名称：陕西永旭能源科技有限公司 统一社会信用代码/纳税人识别号：91610104847G93X232	销售方信息	名称：湖北省武汉长冶兴隆宾馆 统一社会信用代码/纳税人识别号：654158273V3C54SJ02

项目名称	规格型号	单位	数量	单价	金额	税率/征收率	税额
住宿费		天	4	300.00	1200.00	3%	36.00
合　　计					¥1200.00		¥36.00
价税合计（大写）	⊗壹仟贰佰叁拾陆元整				（小写）¥1236.00		
备注							

开票人：郝瑞丰

业务 10－6

电子发票（普通发票）

发票号码：61620925395619701988

开票日期：2024年10月10日

（印章：全国统一发票监制 实训专用 国家税务总局监制）

购买方信息	名称：陕西永旭能源科技有限公司 统一社会信用代码/纳税人识别号：91610104847G93X232	销售方信息	名称：湖北省武汉长冶兴隆宾馆 统一社会信用代码/纳税人识别号：654158273V3C54SJ02

项目名称	规格型号	单位	数量	单价	金额	税率/征收率	税额
会议室租金		天	1	2000.00	2000.00	3%	60.00
合　　计					¥2 000.00		¥60.00
价税合计（大写）	⊗贰仟零陆拾元整				（小写）¥2060.00		
备注							

（印章：湖北省武汉长冶兴隆宾馆 54610104847G900055 发票专用章）

开票人：郝瑞丰

业务 10－7

12E002025　　　　检票口 08

武 汉站　　　G987 次　　　西安北站

Wuhan　　　→　　　Xi’anbei

2024 年 10 月 10 日 13:10 开　　　05 车 023 号

¥453.20 元　网　　　二等座

限乘当日当次车

6101131991****3456 李思源

报销凭证　遗失不补

退票改签时须交回车站

西安北站售

业务 10－8

电子发票（普通发票）

全国统一发票监制 实训专用 国家税务总局监制

发票号码：61620925395619701989

开票日期：2024年10月10日

购买方信息	名称：陕西永旭能源科技有限公司 统一社会信用代码/纳税人识别号：91610104847G93X232	销售方信息	名称：武汉捷达运输服务有限公司 统一社会信用代码/纳税人识别号：65415823V3C54SJ002

项目名称	规格型号	单位	数量	单价	金额	税率/征收率	税额
客运服务费					80.00	3%	2.40
合　　计					¥80.00		¥2.40
价税合计（大写）	⊗捌拾贰元肆角整				（小写）¥82.40		
备注							

武汉捷达运输服务有限公司 1110104847G90111 发票专用章

开票人：童研静

业务 10－9

收　据

No.36988901

2024年10月10日　　　　单位：元

今付给部门：销售部门　　姓名：李思源　　现金　款。

人民币（大写）叁佰伍拾陆元玖角整　　¥356.90元

收款单位：陕西永旭能源科技有限公司 财务专用章　　会计主管：李潇　　付款人：黄立元

业务 11

领 料 单

No.30905008

领料部门：电池板车间（周转材料）　　日期：2024年10月11日

材料名称	规格	单位	数量		计划成本		用途
			请领	实领	单价	金额	
包装箱		个	40	40	10	400	
合计				40		400	

仓库主管：李 为　发料：梁 安　领料部门主管：尚嘉铭　领料：许 恒

业务 12

中国工商银行　托收承付　凭证（回单）

托收号码：1753

委托日期：2024年10月10日　　承付到期日　2024年10月12日

付款人	全　称	陕西永旭能源科技有限公司	收款人	全　称	华耀玻璃工业集团股份有限公司
	账　号	3202837409372108472		账　号	3176193727610818729
	开户银行	中国工商银行西京路支行		开户银行	中国工商银行长安分行

托收金额	人民币（大写）壹拾万零捌仟肆佰捌拾元整	百	十	万	千	百	十	元	角	分
		¥	1	0	8	4	8	0	0	0

款项内容	货款	托收凭据名称	/	附寄单证张数或册数	2
商品发运情况	已发货	合同名称号码		20240125	

备注： 收款人开户银行收到日期： 2024 年 10 月 12 日	（收款人开户银行盖章） 2024 年 10 月 12 日	

（印章：中国工商银行长安分行 2024.10.12 收讫）

此联由收款人留存

业务 13

中国工商银行　网上银行电子回单

电子回单号码：3820-3820-9611-2989

付款人	名　　称	陕西永旭能源科技有限公司	收款人	名　　称	南京盈科电气有限公司
	账　　号	3202837409372108472		账　　号	3167213729816817663
	开户银行	中国工商银行西京路支行		开户银行	中国工商银行秦淮分行
金额		¥14410.00	金额大写		⊗壹万肆仟肆佰壹拾元整
摘要		货款	业务（产品）种类		
用途		货款			
交易流水号		29731821	时间戳		2024-10-13　10:15:13
中国工商银行 电子回单 专用章		备注：			
		验证码：			
记账网点	60134	记账柜员 3611	记账日期		2024年10月13日

打印日期：2024年10月13日

业务 14－1

电子发票（增值税专用发票）

全国统一发票监制章 实训专用 国家税务总局监制

发票号码：61620925395619700024

开票日期：2024年10月14日

购买方信息	名称：陕西永旭能源科技有限公司 统一社会信用代码/纳税人识别号：91610104847G93X232				销售方信息	名称：中国石油西周大道加油站 统一社会信用代码/纳税人识别号：67813660V8H67SJ345		
项目名称	规格型号	单位	数量	单价	金额	税率/征收率	税额	
柴油					9000.00	13%	1170.00	
合　　计					¥9000.00		¥1170.00	
价税合计（大写）	⊗壹万零壹佰柒拾元整				（小写）¥10170.00			
备注								

开票人：方某天

业务 14－2

中国工商银行　网上银行电子回单

电子回单号码：3820-3820-9611-2990

付款人	名　　称	陕西永旭能源科技有限公司	收款人	名　　称	中国石油西周大道加油站
	账　　号	3202837409372108472		账　　号	2588878768742724096
	开户银行	中国工商银行西京路支行		开户银行	中国工商银行西周大道分行
金额		¥10170.00	金额大写		⊗壹万零壹佰柒拾元整
摘要		柴油	业务（产品种类）		
用途		柴油			
交易流水号		29731822	时间戳		2024-10-14 11:16:18
中国工商银行 电子回单 专用章		备注：			
		验证码：			
记账网点		60134	记账柜员 3611	记账日期	2024年10月14日

打印日期：2024年10月14日

业务 15－1

电子发票（增值税专用发票）

全国统一发票监制章 实训专用 国家税务总局监制

发票号码：61620925395619700025

开票日期：2024年10月15日

购买方信息	名称：陕西永旭能源科技有限公司 统一社会信用代码/纳税人识别号：91610104847G93X232			销售方信息	名称：中国海鸥股份有限公司西安分公司 统一社会信用代码/纳税人识别号：68013610V8H37SJ654		
项目名称	规格型号	单位	数量	单价	金额	税率/征收率	税额
茶水机		台	1	300	300.00	13%	39.00
合　　计					¥300.00		¥39.00
价税合计（大写）	⊗ 叁佰叁拾玖元整				（小写）¥339.00		
备注							

开票人：文某淇

业务 15－2

中国工商银行　网上银行电子回单

电子回单号码：3820-3820-9611-2991

付款人	名　　称	陕西永旭能源科技有限公司	收款人	名　　称	中国海鸥股份有限公司西安分公司
	账　　号	3202837409372108472		账　　号	2533878768742724538
	开户银行	中国工商银行西京路支行		开户银行	中国工商银行城北分行
金额		¥339.00	金额大写		⊗叁佰叁拾玖元整
摘要		茶水机	业务（产品）种类		
用途		茶水机			
交易流水号		29731823	时间戳		2024-10-15 14:18:16
中国工商银行 电子回单 专用章		备注：			
		验证码：			
记账网点	60134	记账柜员	3611	记账日期	2024年10月15日

打印日期：2024年10月15日

业务 16

领　料　单

No.30905009

领料部门：充电器车间（周转材料）　　　　日期：2024年10月16日

材料名称	规格	单位	数量		计划成本		用途
			请领	实领	单价	金额	
包装箱		个	30	30	10	300	
合计						300	

仓库主管：李为　　发料：梁安　　领料部门主管：尚小铭　　领料：许小恒

业务 17－1

希望工程捐款专用收据

2024年10月17日

今收到：陕西永旭能源科技有限公司

事由：希望工程捐款

金额（大写）：叁万元整　　　　¥30000.00

希望工程基金会（章）　　复核：魏民　　制单：郝仁

希望工程基金会 财务专用章

业务 17－2

中国工商银行　网上银行电子回单

电子回单号码：3820-3820-9611-2992

付款人	名　称	陕西永旭能源科技有限公司	收款人	名　称	希望工程基金会
	账　号	3202837409372108472		账　号	2135741739742754896
	开户银行	中国工商银行西京路支行		开户银行	中国工商银行鼓楼分行
金额		¥30000.00	金额大写		⊗叁万元整
摘要		捐款	业务（产品）种类		
用途		捐款			
交易流水号		29731824	时间戳		2024-10-17 17:10:16
中国工商银行 电子回单 专用章		备注：			
		验证码：			
记账网点	60134	记账柜员	3611	记账日期	2024年10月17日

打印日期：2024年10月17日

业务 18（学生填制本张空白票据）

固定资产折旧费计算单

2024 年 10 月 18 日

部门	名称	固定资产原值	月折旧率	本月计提折旧额
电池板车间	房屋			
	生产设备			
充电器车间	房屋			
	生产设备			
管理部门	房屋			
	运输工具			
	管理设备			
销售部门	房屋			
	运输工具			
合计				

业务 19（学生填制本张空白票据）

无形资产摊销额计算单

2024 年 10 月 19 日

项目	预计使用年限	实际成本	本月应摊销金额
合计			

业务 20－1

产品入库单

车间名称：电池板车间　　　　2024年10月20日　　　　第 2101 号

产品名称	规格型号	单位	数量	验收结果		金额	其他
				合格	不合格		
电池板		块	800	800	0		
合计			800	800	0		

第三联记账联

车间负责人：彭大浩　　　　质量检验：华国富　　　　收料：江珊珊

业务 20－2

产品入库单

车间名称：充电器车间　　　　2024年10月20日　　　　第 2102 号

产品名称	规格型号	单位	数量	验收结果		金额	其他
				合格	不合格		
充电器		块	1500	1500	0		
合计			1500	1500	0		

第三联 记账联

车间负责人：彭小浩　　　　质量检验：华国富　　　　收料：江珊珊

业务 21－1

电子发票（增值税专用发票）

发票号码：61620925395619700026
开票日期：2024年10月21日

购买方信息	名称：陕西永旭能源科技有限公司 统一社会信用代码/纳税人识别号：91610104847G93X232	销售方信息	名称：西安国际会展中心 统一社会信用代码/纳税人识别号：68913610V8H37SJ321

项目名称	规格型号	单位	数量	单价	金额	税率/征收率	税额
展览费					20000.00	6%	1200.00
合　计					¥20000.00		¥1200.00
价税合计（大写）	⊗贰万壹仟贰佰元整				（小写）¥21200.00		
备注							

开票人：常某含

业务 21－2

中国工商银行　网上银行电子回单

电子回单号码：3820-3820-9611-2993

付款人	名　称	陕西永旭能源科技有限公司	收款人	名　称	西安国际会展中心
	账　号	3202837409372108472		账　号	2513871268742724350
	开户银行	中国工商银行西京路支行		开户银行	中国工商银行城南分行
金额		¥21200.00	金额大写		⊗贰万壹仟贰佰元整
摘要		展览费	业务（产品）种类		
用途		展览费			
交易流水号		29731825	时间戳		2024-10-21　14:21:10
中国工商银行 电子回单 专用章		备注：			
		验证码：			
记账网点	60134	记账柜员	3611	记账日期	2024年10月21日

打印日期：2024年10月21日

业务 22－1（学生填制本张空白票据）

电子发票（增值税专用发票）

发票号码：61620925395619700027

开票日期：　年　月　日

购买方信息	名称： 统一社会信用代码/纳税人识别号：			销售方信息	名称： 统一社会信用代码/纳税人识别号：		
项目名称	规格型号	单位	数量	单价	金额	税率/征收率	税额
合　计							
价税合计（大写）				（小写）			
备注							

开票人：刘静

业务 22－2

销 售 单

单据编号：20240354

开票日期：2024 年 10 月 22 日

购货单位：陕西百货商贸有限公司　　地址电话：陕西省西安市碑林区东大街 03 号（029）83117329

纳税人识别号：7891361048H37SJ543　　开户行及账号：中国工商银行钟楼分行 2926473739742724679

编码	产品名称	规格	单位	数量	单价	金额	备注
05	充电器	KT－2	台	1000	199.00	199000.00	
合计	人民币（大写）壹拾玖万玖仟元整					¥199000.00	

②仓库记账后转财务处

业务 22－3

商业信用凭证

2024 年 10 月 22 日　　第 8801 号

信用种类	赊销		付款单位	全称	陕西百货商贸有限公司
信用条件	2/10，1/20，n/30			账号	2926473739742724679
信用金额	¥224870.00			开户行	中国工商银行钟楼分行
金额大写：⊗贰拾贰万肆仟捌佰柒拾元整					

负责人：朱忠孝　　购货单位经办人：江有为

业务 23－1（学生填制本张空白票据）

电子发票（增值税专用发票）　　发票号码：61620925395619700028

全国统一发票监制章 实训专用 国家税务总局监制

开票日期：　　年　月　日

购买方信息	名称： 统一社会信用代码/纳税人识别号：	销售方信息	名称： 统一社会信用代码/纳税人识别号：

项目名称	规格型号	单位	数量	单价	金额	税率/征收率	税额
合　计							

价税合计（大写）	（小写）
备注	

开票人：刘静

业务 23－2

销 售 单

单据编号：20240355

开票日期：2024 年 10 月 23 日

购货单位：陕西华丽电器有限公司　　地址电话：陕西省西安市雁塔区长安南路 22 号（029）86307322

纳税人识别号：7231367048H37SJ953　　开户行及账号：中国工商银行雁塔分行 2724978739742724852

编码	产品名称	规格	单位	数量	单价	金额	备注
06	电池板	DC－01	台	500	1800.00	900000.00	
合计	人民币（大写）玖拾万元整					￥900000.00	

②仓库记账后转财务处

业务 23－3

中国工商银行　银行承兑汇票　　2

出票日期（大写）贰零贰肆年零壹拾月贰拾叁日

出票人	全　称	陕西华丽电器有限公司	收款人	全　称	陕西永旭能源科技有限公司
	账　号	2724978739742724852		账　号	3202837409372108472
	开户银行	中国工商银行雁塔分行		开户银行	中国工商银行西京路支行

汇票金额	人民币（大写）壹佰零壹万柒仟元整	百	十	万	千	百	十	元	角	分
		1	0	1	7	0	0	0	0	0

汇票到期日（大写）	贰零贰肆年壹拾壹月贰拾叁日	承兑协议编号	5379

本汇票请你行承兑，到期无条件付款。 （印章：陕西华丽电器有限公司） 出票人签章 2024年10月23日	本汇票已经承兑，到期日由本行付款。 签章 备注：	记账 复核

业务 24－1（学生填制本张空白票据）

电子发票（增值税专用发票）

（印章：全国统一发票监制章 国家税务总局监制）

发票号码：61620925395619700029

开票日期：　　年　月　日

购买方信息	名称： 统一社会信用代码/纳税人识别号：	销售方信息	名称： 统一社会信用代码/纳税人识别号：

项目名称	规格型号	单位	数量	单价	金额	税率/征收率	税额
合　计							

价税合计（大写）		（小写）
备注		

开票人：刘静

业务 24－2

销 售 单

单据编号：20240356

开票日期：2024 年 10 月 24 日
购货单位：西安鑫莱电源有限公司　　地址电话：陕西省西安市雁塔区小寨东路 66 号（029）86187324
纳税人识别号：7265367048H37SJ971　　开户行及账号：中国工商银行博物馆分行 2728778739742724740

编码	产品名称	规格	单位	数量	单价	金额	备注
07	电池板	DC－01	台	100	1800.00	180000.00	
合计	人民币（大写）壹拾捌万元整					￥180000.00	

②仓库记账后转财务处

业务 25

中国工商银行汇入回单（来账）

打印日期：2024－10－27　　唯一流水编号：2024111200123457

付款人	收款人
全　　称：西安鑫莱电源有限公司	全　　称：陕西永旭能源科技有限公司
账　　号：2728778739742724740	账　　号：3202837409372108472
付款银行：中国工商银行博物馆分行	收款银行：中国工商银行西京路支行
金　　额：（大写）贰拾万零叁仟肆佰元整	小写：203400.00
币　　种：人民币	交易时间：2024－10－27　10:10:30
用　　途：货款	摘　　要：汇款汇入
备　　注：	银行盖章：（中国工商银行西京路支行 2024.10.27 收讫）

业务 26－1

陕西永旭能源科技有限公司公告

公告日期：2024 年 10 月 27 日

公司于 2024 年 10 月 27 日公告，收到与收益相关的政府补助，共计人民币 40000.00 元（未经审计）。

陕西永旭能源科技有限公司

主管：李峰　　复核：王峰　　制单：张峰

业务 26－2

中国工商银行汇入回单（来账）

打印日期：2024-10-27　　唯一流水编号：2024111200123457

付 款 人	收 款 人
全　　称：陕西省科技局	全　　称：陕西永旭能源科技有限公司
账　　号：3122103738399818081	账　　号：3202837409372108472
付款银行：中国工商银行新城分行	收款银行：中国工商银行西京路支行
金　　额：（大写）肆万元整	小写：40000.00
币　　种：人民币	交易时间：2024-10-27　11:21:30
用　　途：政府补助	摘　　要：汇款汇入
备　　注：	银行盖章：中国工商银行西京路支行 2024.10.27 收讫

回单查询号：（使用该查询号登录www.icbc.com.cn可查询核实该笔回单）。

业务 27

ICBC 中国工商银行进账单（收账通知）　3

2024年10月28日　　№.20248004

收款人	全　称	陕西永旭能源科技有限公司	付款人	全　称	陕西百货商贸有限公司
	账　号	3202837409372108472		账　号	2926473739742724679
	开户银行	中国工商银行西京路支行		开户银行	中国工商银行钟楼分行

金额	亿	千	百	十	万	千	百	十	元	角	分
人民币（大写）壹拾壹万零柒佰肆拾元整			¥	2	2	0	3	7	2	6	0

票据种类	转账支票　　票据张数　1	中国工商银行西京路支行 2024.10.28 转 讫
票据号码		
复核：　　记账：		收款人开户银行签章

业务 28－1

2024 年 10 月工资汇总表

2024 年 10 月 30 日　　单位：元

部门		基本工资	岗位工资	绩效工资	应发工资	基本养老保险	基本医疗保险	工伤保险	失业保险	住房公积金	实发工资
电池板车间	生产工人	45000	54000	97200	196200	15696	3924	0	588.6	9810	166181.40
	管理人员	2500	3000	4000	9500	760	190	0	28.5	475	8046.50
充电器车间	生产工人	22500	27000	58500	108000	8640	2160	0	324	5400	91476.00
	管理人员	2500	3000	4000	9500	760	190	0	28.5	475	8046.50
测试车间		3000	3600	10400	17000	1360	340	0	51	850	14399.00
采购部门		4500	5400	11100	21000	1680	420	0	63	1050	17787.00
销售部门		7000	8000	13800	28800	2304	576	0	86.4	1440	24393.60
行政办公室		7500	9000	13500	30000	2400	600	0	90	1500	25410.00
财务处		5000	6000	9000	20000	1600	400	0	60	1000	16940.00
人事处		2500	3000	4500	10000	800	200	0	30	500	8470.00
合计		102000	122000	226000	450000	36000	9000	0	1350	22500	381150.00

业务 28－2

中国工商银行 网上银行电子回单

电子回单号码：3820-3820-9611-2994

<table>
<tr><td rowspan="3">付款人</td><td>名 称</td><td colspan="3">陕西永旭能源科技有限公司</td><td rowspan="3">收款人</td><td>名 称</td><td></td></tr>
<tr><td>账 号</td><td colspan="3">3202837409372108472</td><td>账 号</td><td></td></tr>
<tr><td>开户银行</td><td colspan="3">中国工商银行西京路支行</td><td>开户银行</td><td></td></tr>
<tr><td colspan="2">金额</td><td colspan="3">¥381150.00</td><td colspan="2">金额大写</td><td>⊗叁拾捌万壹仟壹佰伍拾元整</td></tr>
<tr><td colspan="2">摘要</td><td colspan="3">工资</td><td colspan="2">业务（产品）种类</td><td></td></tr>
<tr><td colspan="2">用途</td><td colspan="6">支付工资</td></tr>
<tr><td colspan="2">交易流水号</td><td colspan="3">29731825</td><td colspan="2">时间戳</td><td>2024-10-30 14:30:50</td></tr>
<tr><td colspan="2" rowspan="2">中国工商银行
电子回单
专用章</td><td colspan="6">备注：</td></tr>
<tr><td colspan="6">验证码：</td></tr>
<tr><td colspan="2">记账网点</td><td>60134</td><td>记账柜员</td><td>3611</td><td colspan="2">记账日期</td><td>2024年10月30日</td></tr>
</table>

打印日期：2024年10月30日

业务 29（学生填制本张空白票据）

工资费用分配表

2024 年 10 月 31 日　　　　单位：元

部门、产品			工资分配额
基本生产成本	电池板车间	电池板	
	充电器车间	充电器	
制造费用	电池板车间	电池板	
	充电器车间	充电器	
辅助生产成本	测试车间		
管理费用			
销售费用			
合计			

主管：　　　　审核：　　　　制表：

业务 30（学生填制本张空白票据）

借款利息计算表

2024 年 10 月 31 日　　　　单位：元

借款种类	借款金额	借款周期	年利率	本月计提利息
合计				

业务 31（学生填制本张空白票据）

工会经费和职工教育经费计提计算表

2024 年 10 月 31 日　　　　单位：元

<table>
<tr><th colspan="3">部门、产品</th><th>工资总额</th><th>工会经费比例</th><th>职工教育经费比例</th><th>工会经费金额</th><th>职工教育经费金额</th></tr>
<tr><td rowspan="2">基本生产成本</td><td>电池板车间</td><td>电池板</td><td></td><td></td><td></td><td></td><td></td></tr>
<tr><td>充电器车间</td><td>充电器</td><td></td><td></td><td></td><td></td><td></td></tr>
<tr><td rowspan="2">制造费用</td><td>电池板车间</td><td>电池板</td><td></td><td></td><td></td><td></td><td></td></tr>
<tr><td>充电器车间</td><td>充电器</td><td></td><td></td><td></td><td></td><td></td></tr>
<tr><td>辅助生产成本</td><td colspan="2">测试车间</td><td></td><td></td><td></td><td></td><td></td></tr>
<tr><td colspan="3">管理费用</td><td></td><td></td><td></td><td></td><td></td></tr>
<tr><td colspan="3">销售费用</td><td></td><td></td><td></td><td></td><td></td></tr>
<tr><td colspan="3">合计</td><td></td><td></td><td></td><td></td><td></td></tr>
</table>

主管：　　　　审核：　　　　制表：

业务 32－1（学生填制本张空白票据）

社会保险费计提计算表

2024 年 10 月 31 日　　　　单位：元

部门、产品			工资总额	比例				金额			
				基本养老	基本医疗	失业	工伤	基本养老	基本医疗	失业	工伤
基本生产成本	电池板车间	电池板									
	充电器车间	充电器									
制造费用	电池板车间	电池板									
	充电器车间	充电器									
辅助生产成本	测试车间										
管理费用											
销售费用											
合计											

主管：　　　　审核：　　　　制表：

业务 32－2（需要学生填制本张空白票据）

住房公积金计提计算表

2024 年 10 月 31 日　　　　单位：元

部门、产品			工资总额	比例	金额
基本生产成本	电池板车间	电池板			
	充电器车间	充电器			
制造费用	电池板车间	电池板			
	充电器车间	充电器			
辅助生产成本	测试车间				
管理费用					
销售费用					
合计					

主管：　　　　审核：　　　　制表：

业务 33（学生填制本张空白票据）

水费费用分配表

2024 年 10 月 31 日

部门	用水量（吨）	单价（元/吨）	分配金额（元）
电池板车间	1000		
充电器车间	300		
测试车间	200		
管理部门	100		
销售部门	50		
合计			

业务 34（学生填制本张空白票据）

电费费用分配表

2024 年 10 月 31 日

部门	用电量（度）	单价（元/度）	分配金额（元）
电池板车间	4000		
充电器车间	1300		
测试车间	600		
管理部门	300		
销售部门	100		
合计			

业务 35－1（学生填制本张空白票据）

发料汇总表

2024 年 10 月 31 日　　　　单位：元

<table>
<tr><td colspan="2" rowspan="2">科目</td><td colspan="2">基本生产成本</td><td colspan="2">制造费用</td><td>辅助生产成本</td><td rowspan="2">管理费用</td><td rowspan="2">合计</td></tr>
<tr><td>电池板车间</td><td>充电器车间</td><td>电池板车间</td><td>充电器车间</td><td>测试车间</td></tr>
<tr><td rowspan="5">原材料</td><td>原料及主要材料</td><td></td><td></td><td></td><td></td><td></td><td></td><td></td></tr>
<tr><td>辅助材料</td><td></td><td></td><td></td><td></td><td></td><td></td><td></td></tr>
<tr><td>计划成本小计</td><td></td><td></td><td></td><td></td><td></td><td></td><td></td></tr>
<tr><td>材料成本差异率（%）</td><td></td><td></td><td></td><td></td><td></td><td></td><td></td></tr>
<tr><td>实际成本小计</td><td></td><td></td><td></td><td></td><td></td><td></td><td></td></tr>
<tr><td rowspan="2">周转材料</td><td>低值易耗品</td><td></td><td></td><td></td><td></td><td></td><td></td><td></td></tr>
<tr><td>包装物</td><td></td><td></td><td></td><td></td><td></td><td></td><td></td></tr>
<tr><td colspan="2">合计</td><td></td><td></td><td></td><td></td><td></td><td></td><td></td></tr>
</table>

业务 35－2（学生填制本张空白票据）

材料费用分配表

2024 年 10 月 31 日　　　　金额单位：元

<table>
<tr><td colspan="2" rowspan="2"></td><td rowspan="2">直接计入</td><td colspan="3">分配计入</td><td rowspan="2">计划成本合计</td><td rowspan="2">材料成本差异率（%）</td><td rowspan="2">实际成本合计</td></tr>
<tr><td>分配标准（产量）</td><td>计划分配率</td><td>计划分配额</td></tr>
<tr><td rowspan="2">基本生产成本</td><td>电池板</td><td></td><td>800</td><td></td><td></td><td></td><td></td><td></td></tr>
<tr><td>充电器</td><td></td><td>1500</td><td></td><td></td><td></td><td></td><td></td></tr>
<tr><td colspan="2">合计</td><td></td><td></td><td></td><td></td><td></td><td></td><td></td></tr>
</table>

业务 35－3（需要学生填制本张空白票据）

包装物费用分配表

2024 年 10 月 31 日

单位：元

<table>
<tr><td rowspan="2" colspan="2">科目</td><td rowspan="2">直接计入</td><td colspan="4">分配计入</td><td rowspan="2">合计</td></tr>
<tr><td>待分配金额</td><td>分配标准（产量）</td><td>分配率</td><td>分配额</td></tr>
<tr><td rowspan="2">基本生产成本</td><td>电池板</td><td></td><td rowspan="2"></td><td>800</td><td></td><td></td><td></td></tr>
<tr><td>充电器</td><td></td><td>1500</td><td></td><td></td><td></td></tr>
<tr><td colspan="2">合计</td><td></td><td></td><td></td><td></td><td></td><td></td></tr>
</table>

业务 36（学生填制本张空白票据）

辅助生产费用分配表

2024 年 10 月 31 日

单位：元

部门	需分配的总额	分配标准（工时）	分配率	分配额
电池板车间				
充电器车间				
管理部门				
销售部门				
合计				

主管：　　　　审核：　　　　制表：

业务 37（学生填制本张空白票据）

制造费用分配表

2024 年 10 月 31 日

单位：元

部门	材料费	人工费	水电费	折旧费
电池板车间				
充电器车间				
合计				

主管：　　　　审核：　　　　制表：

业务 38－1（学生填制本张空白票据）

产品成本计算单

2024 年 10 月 31 日

车间名称：　　　　　　　　　　　　产品名称：　　　　　　　　　　　　单位：元

项目	直接材料	直接人工	制造费用	合计
月初在产品成本				
本月发生费用				
生产费用合计				
完工产品成本				
单位成本				
月末在产品成本				

主管：　　　　　　审核：　　　　　　制表：

业务 38－2（学生填制本张空白票据）

产品成本计算单

2024 年 10 月 31 日

车间名称：　　　　　　　　　　　　产品名称：　　　　　　　　　　　　单位：元

项目	直接材料	直接人工	制造费用	合计
月初在产品成本				
本月发生费用				
生产费用合计				
完工产品成本				
单位成本				
月末在产品成本				

主管：　　　　　　审核：　　　　　　制表：

业务 39（学生填制本张空白票据）

主营业务成本计算表

2024 年 10 月 31 日　　　　　　　　　　　　单位：元

产品名称	销售数量	单位生产成本	主营业务成本
电池板			
充电器			
合计			

主管：　　　　　　审核：　　　　　　制表：

业务 40（学生填制本张空白票据）

增值税纳税申报表

（增值税一般纳税人适用）

根据国家税收法律法规及增值税相关规定制定本表。纳税人不论有无销售额，均应按主管税务机关核定的纳税期限填写本表，并向当地税务机关申报。

税款所属时间：自 2024 年　月　日至 2024 年　月　日　　　填表日期：2024 年　月　日　　　金额单位：元（至角分）

纳税人识别号（统一社会信用代码）：　　　所属行业：

纳税人名称：		法定代表人姓名		注册地址		生产经营地址
开户银行及账号		登记注册类型			电话号码	
项目		栏次	一般项目		即征即退项目	
			本月数	本年累计	本月数	本年累计
销售额	（一）按适用税率计税销售额	1				
	其中：应税凭物销售额	2				
	应税劳务销售额	3				
	纳税检查调整的销售额	4				
	（二）按简易办法计税销售额	5				
	其中：纳税检查调整的销售额	6				
	（三）免、抵、退办法出口销售额	7				
	（四）免税销售额	8				
	其中：免税货物销售额	9				
	免税劳务销售额	10				
税款计算	销项税额	11				
	进项税额	12				
	上期留抵税额	13				
	进项税额转出	14				

续表

项目		栏次	一般项目		即征即退项目	
			本月数	本年累计	本月数	本年累计
税款计算	免、抵、退应退税额	15				
	按适用税率计算的纳税检查应补缴税额	16				
	应抵扣税额合计	17＝12＋13－14－15＋16				
	实际抵扣税额	18（如 17＜11，则为 17，否则为 11）				
	应纳税额	19＝11－18				
	期末留抵税额	20＝17－18				
	简易计税办法计算的应纳税额	21				
	按简易计税办法计算的纳税检查应补缴税额	22				
	应纳税额减征额	23				
	应纳税额合计	24＝19＋21－23				
税款缴纳	期初未缴税额（多缴为负数）	25				
	实收出口开具专用缴款书退税额	26				
	本期已缴税额	27＝28＋29＋30＋31				
	①分次预缴税额	28				
	②出口开具专用缴款书预缴税额	29				
	③本期缴纳上期应纳税额	30				
	④本期缴纳欠缴税额	31				
	期末未缴税额（多缴为负数）	32＝24＋25＋26－27				

续表

项目		栏次	一般项目		即征即退项目	
			本月数	本年累计	本月数	本年累计
税款缴纳	其中：欠缴税额（≥0）	33＝25＋26－27				
	本期应补（退）税额	34＝24－28－29				
	即征即退实际退税额	35				
	期初未缴查补税额	36				
	本期入库查补税额	37				
	期末未缴查补税额	38＝16＋22＋36－37				
附加税费	城市维护建设税本期应补（退）税额	39				
	教育费附加本期应补（退）费额	40				
	地方教育附加本期应补（退）费额	41				

声明：此表是根据国家税收法律法规及相关规定填写的，本人（单位）对填报内容（及附带资料）的真实性、可靠性、完整性负责。

纳税人（签章）：　　年　　月　　日

经办人： 经办人身份证号： 代理机构签章： 代理机构统一社会信用代码：	受理人： 受理税务机关（章）：　　受理日期：　　年　　月　　日

业务 41（学生填制本张空白票据）

城市维护建设税、教育费附加申报表

纳税人识别号					
纳税人名称				纳税所属期	
序号	计税项目	税率（%）	本期计税金额	本期应纳税额	上期多缴税额
1	增值税附征				
2	消费税附征				
序号	本期已扣缴税额	本期已预缴税额	本期减免税额	本期缓缴税额	本期实缴税额
1					
2					

合计：⊗ ¥		
会计主管签字：	代理申报人签字：	纳税人盖章
收到日期：	接收人：	审核日期：
审核记录：		主管税务机关盖章： 主管税务官员签字：
申报日期：		

业务 42（学生填制本张空白票据）

损益类账户发生额计算表

2024 年 10 月 31 日　　　　单位：元

项目	贷方发生额	借方发生额
主营业务收入		
其他业务收入		
投资收益		
营业外收入		
主营业务成本		
其他业务成本		
税金及附加		
管理费用		
销售费用		
财务费用		
资产减值损失		
公允价值变动损益		
营业外支出		
合计		

主管：　　　　会计：

业务 43、业务 44、业务 45、业务 46，此四笔业务无原始凭证，需要根据相关数据计算，直接填制记账凭证。

业务 47

中国工商银行　网上银行电子回单

电子回单号码：3820-3820-9611-2996

付款人	名　称	陕西永旭能源科技有限公司	收款人	名　称	中国工商银行西京路支行
	账　号	3202837409372108472		账　号	1135741350742754851
	开户银行	中国工商银行西京路支行		开户银行	中国工商银行西京路支行
金额		¥40000.00	金额大写		⊗肆万元整
摘要		分红	业务（产品种类）		
用途		分红			
交易流水号		29731826	时间戳		2024-10-31 15:26:21
中国工商银行 电子回单 专用章		备注：			
		验证码：			
记账网点	60134	记账柜员	3611	记账日期	2024年10月31日

打印日期：2024年10月31日

业务 48 无原始凭证，直接填制记账凭证。

业务 49－1（学生填制本张空白票据）

资产负债表

会企 01 表

编制单位：陕西永旭能源科技有限公司　2024 年 10 月 31 日　　单位：元

资产	期末余额	上年年末余额	负债和所有者权益（或股东权益）	期末余额	上年年末余额
流动资产：			流动负债：		
货币资金			短期借款		
交易性金融资产			交易性金融负债		
衍生金融资产			衍生金融负债		
应收票据			应付票据		
应收账款			应付账款		
应收款项融资			预收款项		
预付款项			合同负债		
其他应收款			应付职工薪酬		
存货			应交税费		
合同资产			其他应付款		
持有待售资产			持有待售负债		
一年内到期的非流动资产			一年内到期的非流动负债		
其他流动资产			其他流动负债		
流动资产合计			流动负债合计		
非流动资产：			非流动负债：		
债权投资			长期借款		
其他债权投资			应付债券		
长期应收款			其中：优先股		
长期股权投资			永续债		
其他权益工具投资			租赁负债		
其他非流动金融资产			长期应付款		
投资性房地产			预计负债		
固定资产			递延收益		
在建工程			递延所得税负债		
生产性生物资产			其他非流动负债		
油气资产			非流动负债合计		
使用权资产			负债合计		
无形资产			所有者权益（或股东权益）：		

续表

资产	期末余额	上年年末余额	负债和所有者权益（或股东权益）	期末余额	上年年末余额
开发支出			实收资本（或股本）		
商誉			其他权益工具		
长期待摊费用			其中：优先股		
递延所得税资产			永续债		
其他非流动资产			资本公积		
非流动资产合计			减：库存股		
			其他综合收益		
			专项储备		
			盈余公积		
			未分配利润		
			所有者权益（或股东权益）合计		
资产总计			负债和所有者权益（或股东权益）总计		

业务 49－2（学生填制本张空白票据）

利润表

企业 02 表

编制单位：陕西永旭能源科技有限公司　　2024 年 10 月　　单位：元

项目	本期金额	上期金额
一、营业收入		
减：营业成本		
税金及附加		
销售费用		
管理费用		
研发费用		
财务费用		
其中：利息费用		
利息收入		
加：其他收益		
投资收益（损失以“－”号填列）		
其中：对联营企业和合营企业的投资收益		
以摊余成本计量的金融资产终止确认收益（损失以“－”号填列）		
净敞口套期收益（损失以“－”号填列）		
公允价值变动收益（损失以“－”号填列）		
信用减值损失（损失以“－”号填列）		
资产减值损失（损失以“－”号填列）		
资产处置收益（损失以“－”号填列）		
二、营业利润（亏损以“－”号填列）		
加：营业外收入		
减：营业外支出		
三、利润总额（亏损总额以“－”号填列）		
减：所得税费用		
四、净利润（净亏损以“－”号填列）		
（一）持续经营净利润（净亏损以“－”号填列）		
（二）终止经营净利润（净亏损以“－”号填列）		
五、其他综合收益的税后净额		
（一）不能重分类进损益的其他综合收益		
1. 重新计量设定受益计划变动额		
2. 权益法下不能转损益的其他综合收益		
3. 其他权益工具投资公允价值变动		

续表

项目	本期金额	上期金额
4. 企业自身信用风险公允价值变动		
……		
（二）将重分类进损益的其他综合收益		
1. 权益法下可转损益的其他综合收益		
2. 其他债权投资公允价值变动		
3. 金融资产重分类计入其他综合收益的金额		
4. 其他债权投资信用减值准备		
5. 现金流量套期储备		
6. 外币财务报表折算差额		
……		
六、综合收益总额		
七、每股收益：		
（一）基本每股收益		
（二）稀释每股收益		

图书在版编目（CIP）数据

企业会计模拟实验教程/吴琦，崔西桃，王敏主编；金大勇副主编. --3 版. --北京：中国人民大学出版社，2025.6. --（普通高等学校应用型教材）. -- ISBN 978-7-300-33917-7

Ⅰ. F275.2

中国国家版本馆 CIP 数据核字第 2025DU0613 号

普通高等学校应用型教材·会计

企业会计模拟实验教程（第 3 版）

主　编　吴　琦　崔西桃　王　敏

副主编　金大勇

Qiye Kuaiji Moni Shiyan Jiaocheng

出版发行	中国人民大学出版社		
社　　址	北京中关村大街 31 号	**邮政编码**	100080
电　　话	010－62511242（总编室）		010－62511770（质管部）
	010－82501766（邮购部）		010－62514148（门市部）
	010－62511173（发行公司）		010－62515275（盗版举报）
网　　址	http://www.crup.com.cn		
经　　销	新华书店		
印　　刷	北京昌联印刷有限公司	**版　　次**	2019 年 2 月第 1 版
开　　本	787 mm×1092 mm　1/16		2025 年 6 月第 3 版
印　　张	24.5 插页 1	**印　　次**	2025 年 6 月第 1 次印刷
字　　数	320 000	**定　　价**	58.00 元

中国人民大学出版社　管理分社

教师教学服务说明

中国人民大学出版社管理分社以出版工商管理和公共管理类精品图书为宗旨。为更好地服务一线教师，我们着力建设了一批数字化、立体化的网络教学资源。教师可以通过以下方式获得免费下载教学资源的权限：

★ 在中国人民大学出版社网站 www.crup.com.cn 进行注册，注册后进入“会员中心”，在左侧点击“我的教师认证”，填写相关信息，提交后等待审核。我们将在一个工作日内为您开通相关资源的下载权限。

★ 如您急需教学资源或需要其他帮助，请加入教师 QQ 群或在工作时间与我们联络。

中国人民大学出版社　管理分社

教师 QQ 群： 648333426（工商管理）　114970332（财会）　648117133（公共管理）
教师群仅限教师加入，入群请备注（学校＋姓名）

联系电话： 010-62515782，82501868，82501048，62514760

电子邮箱： glcbfs@crup.com.cn

通讯地址： 北京市海淀区中关村大街甲 59 号文化大厦 1501 室（100872）

管理书社　　人大社财会　　公共管理与政治学悦读坊

普通高等学校应用型教材

会 计

企业会计模拟实验教程

实训手册

第 3 版

主 编 吴 琦 崔西桃 王 敏

副主编 金大勇

中国人民大学出版社

·北京·

目　录

一、实验用记账凭证汇总

记 账 凭 证

年　月　日　　　　字第＿＿号

摘　要	总账科目	明细科目	借方金额										贷方金额										√
			千	百	十	万	千	百	十	元	角	分	千	百	十	万	千	百	十	元	角	分	
合　计																							

附单据　张

财会主管：　记账：　出纳：　复核：　制单：

记 账 凭 证

年　月　日　　　　字第＿＿号

摘　要	总账科目	明细科目	借方金额										贷方金额										√
			千	百	十	万	千	百	十	元	角	分	千	百	十	万	千	百	十	元	角	分	
合　计																							

附单据　张

财会主管：　记账：　出纳：　复核：　制单：

记账凭证

年　月　日　　　　字第＿＿号

摘　要	总账科目	明细科目	借方金额										贷方金额										√
			千	百	十	万	千	百	十	元	角	分	千	百	十	万	千	百	十	元	角	分	
合　计																							

附单据　张

财会主管：　记账：　出纳：　复核：　制单：

记账凭证

年　月　日　　　　字第＿＿号

摘　要	总账科目	明细科目	借方金额										贷方金额										√
			千	百	十	万	千	百	十	元	角	分	千	百	十	万	千	百	十	元	角	分	
合　计																							

附单据　张

财会主管：　记账：　出纳：　复核：　制单：

记账凭证

年　月　日　　　　字第＿＿号

摘　要	总账科目	明细科目	借方金额										贷方金额										√
			千	百	十	万	千	百	十	元	角	分	千	百	十	万	千	百	十	元	角	分	
合　计																							

附单据　张

财会主管：　记账：　出纳：　复核：　制单：

记账凭证

年　月　日　　　　字第＿＿号

摘要	总账科目	明细科目	借方金额										贷方金额										√
			千	百	十	万	千	百	十	元	角	分	千	百	十	万	千	百	十	元	角	分	
合计																							

附单据　张

财会主管：　记账：　出纳：　复核：　制单：

记账凭证

年　月　日　　　　字第＿＿号

摘要	总账科目	明细科目	借方金额										贷方金额										√
			千	百	十	万	千	百	十	元	角	分	千	百	十	万	千	百	十	元	角	分	
合计																							

附单据　张

财会主管：　记账：　出纳：　复核：　制单：

记账凭证

年　月　日　　　　字第＿＿号

摘要	总账科目	明细科目	借方金额										贷方金额										√
			千	百	十	万	千	百	十	元	角	分	千	百	十	万	千	百	十	元	角	分	
合计																							

附单据　张

财会主管：　记账：　出纳：　复核：　制单：

记账凭证

年　月　日　　　　　　　　字第____号

摘要	总账科目	明细科目	借方金额										贷方金额										√
			千	百	十	万	千	百	十	元	角	分	千	百	十	万	千	百	十	元	角	分	
合　计																							

附单据　张

财会主管：　记账：　出纳：　复核：　制单：

记账凭证

年　月　日　　　　　　　　字第____号

摘要	总账科目	明细科目	借方金额										贷方金额										√
			千	百	十	万	千	百	十	元	角	分	千	百	十	万	千	百	十	元	角	分	
合　计																							

附单据　张

财会主管：　记账：　出纳：　复核：　制单：

记账凭证

年　月　日　　　　　　　　字第____号

摘要	总账科目	明细科目	借方金额										贷方金额										√
			千	百	十	万	千	百	十	元	角	分	千	百	十	万	千	百	十	元	角	分	
合　计																							

附单据　张

财会主管：　记账：　出纳：　复核：　制单：

记账凭证

年 月 日 字第 ___ 号

摘要	总账科目	明细科目	借方金额										贷方金额										√
			千	百	十	万	千	百	十	元	角	分	千	百	十	万	千	百	十	元	角	分	
合计																							

附单据 张

财会主管： 记账： 出纳： 复核： 制单：

记账凭证

年 月 日 字第 ___ 号

摘要	总账科目	明细科目	借方金额										贷方金额										√
			千	百	十	万	千	百	十	元	角	分	千	百	十	万	千	百	十	元	角	分	
合计																							

附单据 张

财会主管： 记账： 出纳： 复核： 制单：

记账凭证

年 月 日 字第 ___ 号

摘要	总账科目	明细科目	借方金额										贷方金额										√
			千	百	十	万	千	百	十	元	角	分	千	百	十	万	千	百	十	元	角	分	
合计																							

附单据 张

财会主管： 记账： 出纳： 复核： 制单：

记账凭证

年 月 日　　　　　　字第　　号

摘要	总账科目	明细科目	借方金额										贷方金额										√
			千	百	十	万	千	百	十	元	角	分	千	百	十	万	千	百	十	元	角	分	
合计																							

附单据　张

财会主管：　记账：　出纳：　复核：　制单：

记账凭证

年 月 日　　　　　　字第　　号

摘要	总账科目	明细科目	借方金额										贷方金额										√
			千	百	十	万	千	百	十	元	角	分	千	百	十	万	千	百	十	元	角	分	
合计																							

附单据　张

财会主管：　记账：　出纳：　复核：　制单：

记账凭证

年 月 日　　　　　　字第　　号

摘要	总账科目	明细科目	借方金额										贷方金额										√
			千	百	十	万	千	百	十	元	角	分	千	百	十	万	千	百	十	元	角	分	
合计																							

附单据　张

财会主管：　记账：　出纳：　复核：　制单：

记账凭证

年　月　日　　　　字第＿＿号

摘　要	总账科目	明细科目	借方金额										贷方金额										√
			千	百	十	万	千	百	十	元	角	分	千	百	十	万	千	百	十	元	角	分	
合　计																							

附单据　张

财会主管：　记账：　出纳：　复核：　制单：

记账凭证

年　月　日　　　　字第＿＿号

摘　要	总账科目	明细科目	借方金额										贷方金额										√
			千	百	十	万	千	百	十	元	角	分	千	百	十	万	千	百	十	元	角	分	
合　计																							

附单据　张

财会主管：　记账：　出纳：　复核：　制单：

记账凭证

年　月　日　　　　字第＿＿号

摘　要	总账科目	明细科目	借方金额										贷方金额										√
			千	百	十	万	千	百	十	元	角	分	千	百	十	万	千	百	十	元	角	分	
合　计																							

附单据　张

财会主管：　记账：　出纳：　复核：　制单：

记账凭证

年　月　日　　　　　　　　字第　　号

摘　要	总账科目	明细科目	借方金额										贷方金额										√
			千	百	十	万	千	百	十	元	角	分	千	百	十	万	千	百	十	元	角	分	
合　计																							

附单据　张

财会主管：　记账：　出纳：　复核：　制单：

记账凭证

年　月　日　　　　　　　　字第　　号

摘　要	总账科目	明细科目	借方金额										贷方金额										√
			千	百	十	万	千	百	十	元	角	分	千	百	十	万	千	百	十	元	角	分	
合　计																							

附单据　张

财会主管：　记账：　出纳：　复核：　制单：

记账凭证

年　月　日　　　　　　　　字第　　号

摘　要	总账科目	明细科目	借方金额										贷方金额										√
			千	百	十	万	千	百	十	元	角	分	千	百	十	万	千	百	十	元	角	分	
合　计																							

附单据　张

财会主管：　记账：　出纳：　复核：　制单：

记账凭证

年　月　日　　　　字第＿＿号

摘要	总账科目	明细科目	借方金额										贷方金额										√
			千	百	十	万	千	百	十	元	角	分	千	百	十	万	千	百	十	元	角	分	
合计																							

附单据　张

财会主管：　记账：　出纳：　复核：　制单：

记账凭证

年　月　日　　　　字第＿＿号

摘要	总账科目	明细科目	借方金额										贷方金额										√
			千	百	十	万	千	百	十	元	角	分	千	百	十	万	千	百	十	元	角	分	
合计																							

附单据　张

财会主管：　记账：　出纳：　复核：　制单：

记账凭证

年　月　日　　　　字第＿＿号

摘要	总账科目	明细科目	借方金额										贷方金额										√
			千	百	十	万	千	百	十	元	角	分	千	百	十	万	千	百	十	元	角	分	
合计																							

附单据　张

财会主管：　记账：　出纳：　复核：　制单：

记 账 凭 证

年　月　日　　　　字第　　号

摘　要	总账科目	明细科目	借方金额										贷方金额										√
			千	百	十	万	千	百	十	元	角	分	千	百	十	万	千	百	十	元	角	分	
合　计																							

附单据　张

财会主管：　记账：　出纳：　复核：　制单：

记 账 凭 证

年　月　日　　　　字第　　号

摘　要	总账科目	明细科目	借方金额										贷方金额										√
			千	百	十	万	千	百	十	元	角	分	千	百	十	万	千	百	十	元	角	分	
合　计																							

附单据　张

财会主管：　记账：　出纳：　复核：　制单：

记 账 凭 证

年　月　日　　　　字第　　号

摘　要	总账科目	明细科目	借方金额										贷方金额										√
			千	百	十	万	千	百	十	元	角	分	千	百	十	万	千	百	十	元	角	分	
合　计																							

附单据　张

财会主管：　记账：　出纳：　复核：　制单：

记账凭证

年　月　日　　　　　　字第＿＿号

摘要	总账科目	明细科目	借方金额										贷方金额										√
			千	百	十	万	千	百	十	元	角	分	千	百	十	万	千	百	十	元	角	分	
合计																							

附单据　张

财会主管：　记账：　出纳：　复核：　制单：

记账凭证

年　月　日　　　　　　字第＿＿号

摘要	总账科目	明细科目	借方金额										贷方金额										√
			千	百	十	万	千	百	十	元	角	分	千	百	十	万	千	百	十	元	角	分	
合计																							

附单据　张

财会主管：　记账：　出纳：　复核：　制单：

记账凭证

年　月　日　　　　　　字第＿＿号

摘要	总账科目	明细科目	借方金额										贷方金额										√
			千	百	十	万	千	百	十	元	角	分	千	百	十	万	千	百	十	元	角	分	
合计																							

附单据　张

财会主管：　记账：　出纳：　复核：　制单：

记账凭证

年 月 日　　　　　　　　字第 ___ 号

摘要	总账科目	明细科目	借方金额										贷方金额										√
			千	百	十	万	千	百	十	元	角	分	千	百	十	万	千	百	十	元	角	分	
合计																							

附单据　张

财会主管：　　记账：　　出纳：　　复核：　　制单：

记账凭证

年 月 日　　　　　　　　字第 ___ 号

摘要	总账科目	明细科目	借方金额										贷方金额										√
			千	百	十	万	千	百	十	元	角	分	千	百	十	万	千	百	十	元	角	分	
合计																							

附单据　张

财会主管：　　记账：　　出纳：　　复核：　　制单：

记账凭证

年 月 日　　　　　　　　字第 ___ 号

摘要	总账科目	明细科目	借方金额										贷方金额										√
			千	百	十	万	千	百	十	元	角	分	千	百	十	万	千	百	十	元	角	分	
合计																							

附单据　张

财会主管：　　记账：　　出纳：　　复核：　　制单：

记 账 凭 证

年　　月　　日　　　　　　　　　　　　　　　　字第　　号

摘　要	总账科目	明细科目	借方金额										贷方金额										√
			千	百	十	万	千	百	十	元	角	分	千	百	十	万	千	百	十	元	角	分	
合　计																							

附单据　张

财会主管：　　记账：　　出纳：　　复核：　　制单：

记 账 凭 证

年　　月　　日　　　　　　　　　　　　　　　　字第　　号

摘　要	总账科目	明细科目	借方金额										贷方金额										√
			千	百	十	万	千	百	十	元	角	分	千	百	十	万	千	百	十	元	角	分	
合　计																							

附单据　张

财会主管：　　记账：　　出纳：　　复核：　　制单：

记 账 凭 证

年　　月　　日　　　　　　　　　　　　　　　　字第　　号

摘　要	总账科目	明细科目	借方金额										贷方金额										√
			千	百	十	万	千	百	十	元	角	分	千	百	十	万	千	百	十	元	角	分	
合　计																							

附单据　张

财会主管：　　记账：　　出纳：　　复核：　　制单：

记 账 凭 证

年　月　日　　　　　　　　　字第＿＿号

摘　要	总账科目	明细科目	借方金额										贷方金额										√
			千	百	十	万	千	百	十	元	角	分	千	百	十	万	千	百	十	元	角	分	
合　计																							

附单据　张

财会主管：　记账：　出纳：　复核：　制单：

记 账 凭 证

年　月　日　　　　　　　　　字第＿＿号

摘　要	总账科目	明细科目	借方金额										贷方金额										√
			千	百	十	万	千	百	十	元	角	分	千	百	十	万	千	百	十	元	角	分	
合　计																							

附单据　张

财会主管：　记账：　出纳：　复核：　制单：

记 账 凭 证

年　月　日　　　　　　　　　字第＿＿号

摘　要	总账科目	明细科目	借方金额										贷方金额										√
			千	百	十	万	千	百	十	元	角	分	千	百	十	万	千	百	十	元	角	分	
合　计																							

附单据　张

财会主管：　记账：　出纳：　复核：　制单：

记 账 凭 证

年 月 日 字第 ___ 号

摘 要	总账科目	明细科目	借方金额										贷方金额										√
			千	百	十	万	千	百	十	元	角	分	千	百	十	万	千	百	十	元	角	分	
合 计																							

附单据 张

财会主管： 记账： 出纳： 复核： 制单：

记 账 凭 证

年 月 日 字第 ___ 号

摘 要	总账科目	明细科目	借方金额										贷方金额										√
			千	百	十	万	千	百	十	元	角	分	千	百	十	万	千	百	十	元	角	分	
合 计																							

附单据 张

财会主管： 记账： 出纳： 复核： 制单：

记 账 凭 证

年 月 日 字第 ___ 号

摘 要	总账科目	明细科目	借方金额										贷方金额										√
			千	百	十	万	千	百	十	元	角	分	千	百	十	万	千	百	十	元	角	分	
合 计																							

附单据 张

财会主管： 记账： 出纳： 复核： 制单：

记账凭证

年　　月　　日　　　　　　　　　　字第＿＿号

摘　要	总账科目	明细科目	借方金额										贷方金额										√
			千	百	十	万	千	百	十	元	角	分	千	百	十	万	千	百	十	元	角	分	
合　计																							

附单据　张

财会主管：　　记账：　　出纳：　　复核：　　制单：

记账凭证

年　　月　　日　　　　　　　　　　字第＿＿号

摘　要	总账科目	明细科目	借方金额										贷方金额										√
			千	百	十	万	千	百	十	元	角	分	千	百	十	万	千	百	十	元	角	分	
合　计																							

附单据　张

财会主管：　　记账：　　出纳：　　复核：　　制单：

记账凭证

年　　月　　日　　　　　　　　　　字第＿＿号

摘　要	总账科目	明细科目	借方金额										贷方金额										√
			千	百	十	万	千	百	十	元	角	分	千	百	十	万	千	百	十	元	角	分	
合　计																							

附单据　张

财会主管：　　记账：　　出纳：　　复核：　　制单：

记账凭证

年　月　日　　　　　　　　字第＿＿号

摘　要	总账科目	明细科目	借方金额										贷方金额										√
			千	百	十	万	千	百	十	元	角	分	千	百	十	万	千	百	十	元	角	分	
合　计																							

附单据　张

财会主管：　　记账：　　出纳：　　复核：　　制单：

记账凭证

年　月　日　　　　　　　　字第＿＿号

摘　要	总账科目	明细科目	借方金额										贷方金额										√
			千	百	十	万	千	百	十	元	角	分	千	百	十	万	千	百	十	元	角	分	
合　计																							

附单据　张

财会主管：　　记账：　　出纳：　　复核：　　制单：

记账凭证

年　月　日　　　　　　　　字第＿＿号

摘　要	总账科目	明细科目	借方金额										贷方金额										√
			千	百	十	万	千	百	十	元	角	分	千	百	十	万	千	百	十	元	角	分	
合　计																							

附单据　张

财会主管：　　记账：　　出纳：　　复核：　　制单：

记 账 凭 证

年　月　日　　　　　　字第＿＿号

摘　要	总账科目	明细科目	借方金额										贷方金额										√
			千	百	十	万	千	百	十	元	角	分	千	百	十	万	千	百	十	元	角	分	
合　计																							

附单据　张

财会主管：　记账：　出纳：　复核：　制单：

记 账 凭 证

年　月　日　　　　　　字第＿＿号

摘　要	总账科目	明细科目	借方金额										贷方金额										√
			千	百	十	万	千	百	十	元	角	分	千	百	十	万	千	百	十	元	角	分	
合　计																							

附单据　张

财会主管：　记账：　出纳：　复核：　制单：

记 账 凭 证

年　月　日　　　　　　字第＿＿号

摘　要	总账科目	明细科目	借方金额										贷方金额										√
			千	百	十	万	千	百	十	元	角	分	千	百	十	万	千	百	十	元	角	分	
合　计																							

附单据　张

财会主管：　记账：　出纳：　复核：　制单：

记账凭证

年　　月　　日　　　　字第＿＿号

摘　　要	总账科目	明细科目	借方金额										贷方金额										√
			千	百	十	万	千	百	十	元	角	分	千	百	十	万	千	百	十	元	角	分	
合　　计																							

附单据　张

财会主管：　记账：　出纳：　复核：　制单：

记账凭证

年　　月　　日　　　　字第＿＿号

摘　　要	总账科目	明细科目	借方金额										贷方金额										√
			千	百	十	万	千	百	十	元	角	分	千	百	十	万	千	百	十	元	角	分	
合　　计																							

附单据　张

财会主管：　记账：　出纳：　复核：　制单：

记账凭证

年　　月　　日　　　　字第＿＿号

摘　　要	总账科目	明细科目	借方金额										贷方金额										√
			千	百	十	万	千	百	十	元	角	分	千	百	十	万	千	百	十	元	角	分	
合　　计																							

附单据　张

财会主管：　记账：　出纳：　复核：　制单：

记账凭证

年　月　日　　　　　　字第＿＿号

摘要	总账科目	明细科目	借方金额										贷方金额										√
			千	百	十	万	千	百	十	元	角	分	千	百	十	万	千	百	十	元	角	分	
合计																							

附单据　张

财会主管：　　记账：　　出纳：　　复核：　　制单：

记账凭证

年　月　日　　　　　　字第＿＿号

摘要	总账科目	明细科目	借方金额										贷方金额										√
			千	百	十	万	千	百	十	元	角	分	千	百	十	万	千	百	十	元	角	分	
合计																							

附单据　张

财会主管：　　记账：　　出纳：　　复核：　　制单：

记账凭证

年　月　日　　　　　　字第＿＿号

摘要	总账科目	明细科目	借方金额										贷方金额										√
			千	百	十	万	千	百	十	元	角	分	千	百	十	万	千	百	十	元	角	分	
合计																							

附单据　张

财会主管：　　记账：　　出纳：　　复核：　　制单：

记账凭证

年 月 日　　　　字第 号

摘要	总账科目	明细科目	借方金额										贷方金额										√
			千	百	十	万	千	百	十	元	角	分	千	百	十	万	千	百	十	元	角	分	
合计																							

附单据 张

财会主管：　记账：　出纳：　复核：　制单：

记账凭证

年 月 日　　　　字第 号

摘要	总账科目	明细科目	借方金额										贷方金额										√
			千	百	十	万	千	百	十	元	角	分	千	百	十	万	千	百	十	元	角	分	
合计																							

附单据 张

财会主管：　记账：　出纳：　复核：　制单：

记账凭证

年 月 日　　　　字第 号

摘要	总账科目	明细科目	借方金额										贷方金额										√
			千	百	十	万	千	百	十	元	角	分	千	百	十	万	千	百	十	元	角	分	
合计																							

附单据 张

财会主管：　记账：　出纳：　复核：　制单：

记账凭证

年　月　日　　　　字第___号

摘　要	总账科目	明细科目	借方金额										贷方金额										√
			千	百	十	万	千	百	十	元	角	分	千	百	十	万	千	百	十	元	角	分	
合　计																							

附单据　张

财会主管：　记账：　出纳：　复核：　制单：

记账凭证

年　月　日　　　　字第___号

摘　要	总账科目	明细科目	借方金额										贷方金额										√
			千	百	十	万	千	百	十	元	角	分	千	百	十	万	千	百	十	元	角	分	
合　计																							

附单据　张

财会主管：　记账：　出纳：　复核：　制单：

记账凭证

年　月　日　　　　字第___号

摘　要	总账科目	明细科目	借方金额										贷方金额										√
			千	百	十	万	千	百	十	元	角	分	千	百	十	万	千	百	十	元	角	分	
合　计																							

附单据　张

财会主管：　记账：　出纳：　复核：　制单：

记账凭证

年　月　日　　　　　　　　　　　　字第＿＿号

摘　要	总账科目	明细科目	借方金额										贷方金额										√
			千	百	十	万	千	百	十	元	角	分	千	百	十	万	千	百	十	元	角	分	
合　计																							

附单据　张

财会主管：　　记账：　　出纳：　　复核：　　制单：

记账凭证

年　月　日　　　　　　　　　　　　字第＿＿号

摘　要	总账科目	明细科目	借方金额										贷方金额										√
			千	百	十	万	千	百	十	元	角	分	千	百	十	万	千	百	十	元	角	分	
合　计																							

附单据　张

财会主管：　　记账：　　出纳：　　复核：　　制单：

记账凭证

年　月　日　　　　　　　　　　　　字第＿＿号

摘　要	总账科目	明细科目	借方金额										贷方金额										√
			千	百	十	万	千	百	十	元	角	分	千	百	十	万	千	百	十	元	角	分	
合　计																							

附单据　张

财会主管：　　记账：　　出纳：　　复核：　　制单：

记 账 凭 证

年　　月　　日　　　　　　　　　　　　字第　　号

摘要	总账科目	明细科目	借方金额										贷方金额										√
			千	百	十	万	千	百	十	元	角	分	千	百	十	万	千	百	十	元	角	分	
合计																							

附单据　张

财会主管：　　记账：　　出纳：　　复核：　　制单：

记 账 凭 证

年　　月　　日　　　　　　　　　　　　字第　　号

摘要	总账科目	明细科目	借方金额										贷方金额										√
			千	百	十	万	千	百	十	元	角	分	千	百	十	万	千	百	十	元	角	分	
合计																							

附单据　张

财会主管：　　记账：　　出纳：　　复核：　　制单：

记 账 凭 证

年　　月　　日　　　　　　　　　　　　字第　　号

摘要	总账科目	明细科目	借方金额										贷方金额										√
			千	百	十	万	千	百	十	元	角	分	千	百	十	万	千	百	十	元	角	分	
合计																							

附单据　张

财会主管：　　记账：　　出纳：　　复核：　　制单：

记账凭证

年　　月　　日　　　　　　　　　　　　字第＿＿号

摘　要	总账科目	明细科目	借方金额										贷方金额										√
			千	百	十	万	千	百	十	元	角	分	千	百	十	万	千	百	十	元	角	分	
合　计																							

附单据　张

财会主管：　　记账：　　出纳：　　复核：　　制单：

记账凭证

年　　月　　日　　　　　　　　　　　　字第＿＿号

摘　要	总账科目	明细科目	借方金额										贷方金额										√
			千	百	十	万	千	百	十	元	角	分	千	百	十	万	千	百	十	元	角	分	
合　计																							

附单据　张

财会主管：　　记账：　　出纳：　　复核：　　制单：

记账凭证

年　　月　　日　　　　　　　　　　　　字第＿＿号

摘　要	总账科目	明细科目	借方金额										贷方金额										√
			千	百	十	万	千	百	十	元	角	分	千	百	十	万	千	百	十	元	角	分	
合　计																							

附单据　张

财会主管：　　记账：　　出纳：　　复核：　　制单：

记账凭证

年　月　日　　　　字第＿＿号

摘　要	总账科目	明细科目	借方金额										贷方金额										√
			千	百	十	万	千	百	十	元	角	分	千	百	十	万	千	百	十	元	角	分	
合　计																							

附单据　张

财会主管：　记账：　出纳：　复核：　制单：

记账凭证

年　月　日　　　　字第＿＿号

摘　要	总账科目	明细科目	借方金额										贷方金额										√
			千	百	十	万	千	百	十	元	角	分	千	百	十	万	千	百	十	元	角	分	
合　计																							

附单据　张

财会主管：　记账：　出纳：　复核：　制单：

记账凭证

年　月　日　　　　字第＿＿号

摘　要	总账科目	明细科目	借方金额										贷方金额										√
			千	百	十	万	千	百	十	元	角	分	千	百	十	万	千	百	十	元	角	分	
合　计																							

附单据　张

财会主管：　记账：　出纳：　复核：　制单：

记账凭证

年　月　日　　　　字第＿＿号

摘要	总账科目	明细科目	借方金额										贷方金额										√
			千	百	十	万	千	百	十	元	角	分	千	百	十	万	千	百	十	元	角	分	
合计																							

附单据　张

财会主管：　记账：　出纳：　复核：　制单：

记账凭证

年　月　日　　　　字第＿＿号

摘要	总账科目	明细科目	借方金额										贷方金额										√
			千	百	十	万	千	百	十	元	角	分	千	百	十	万	千	百	十	元	角	分	
合计																							

附单据　张

财会主管：　记账：　出纳：　复核：　制单：

记账凭证

年　月　日　　　　字第＿＿号

摘要	总账科目	明细科目	借方金额										贷方金额										√
			千	百	十	万	千	百	十	元	角	分	千	百	十	万	千	百	十	元	角	分	
合计																							

附单据　张

财会主管：　记账：　出纳：　复核：　制单：

记账凭证

年　月　日　　　　　　　　　　　　　　　　字第＿＿号

摘　要	总账科目	明细科目	借方金额										贷方金额										√
			千	百	十	万	千	百	十	元	角	分	千	百	十	万	千	百	十	元	角	分	
合　计																							

附单据　张

财会主管：　　记账：　　出纳：　　复核：　　制单：

记账凭证

年　月　日　　　　　　　　　　　　　　　　字第＿＿号

摘　要	总账科目	明细科目	借方金额										贷方金额										√
			千	百	十	万	千	百	十	元	角	分	千	百	十	万	千	百	十	元	角	分	
合　计																							

附单据　张

财会主管：　　记账：　　出纳：　　复核：　　制单：

记账凭证

年　月　日　　　　　　　　　　　　　　　　字第＿＿号

摘　要	总账科目	明细科目	借方金额										贷方金额										√
			千	百	十	万	千	百	十	元	角	分	千	百	十	万	千	百	十	元	角	分	
合　计																							

附单据　张

财会主管：　　记账：　　出纳：　　复核：　　制单：

记 账 凭 证

年　月　日　　　　字第＿＿号

摘　要	总账科目	明细科目	借方金额										贷方金额										√
			千	百	十	万	千	百	十	元	角	分	千	百	十	万	千	百	十	元	角	分	
合　计																							

附单据　张

财会主管：　记账：　出纳：　复核：　制单：

记 账 凭 证

年　月　日　　　　字第＿＿号

摘　要	总账科目	明细科目	借方金额										贷方金额										√
			千	百	十	万	千	百	十	元	角	分	千	百	十	万	千	百	十	元	角	分	
合　计																							

附单据　张

财会主管：　记账：　出纳：　复核：　制单：

记 账 凭 证

年　月　日　　　　字第＿＿号

摘　要	总账科目	明细科目	借方金额										贷方金额										√
			千	百	十	万	千	百	十	元	角	分	千	百	十	万	千	百	十	元	角	分	
合　计																							

附单据　张

财会主管：　记账：　出纳：　复核：　制单：

记账凭证

年　　月　　日　　　　　　　　字第＿＿号

摘　　要	总账科目	明细科目	借方金额										贷方金额										√
			千	百	十	万	千	百	十	元	角	分	千	百	十	万	千	百	十	元	角	分	
合　　计																							

附单据　　张

财会主管：　　记账：　　出纳：　　复核：　　制单：

记账凭证

年　　月　　日　　　　　　　　字第＿＿号

摘　　要	总账科目	明细科目	借方金额										贷方金额										√
			千	百	十	万	千	百	十	元	角	分	千	百	十	万	千	百	十	元	角	分	
合　　计																							

附单据　　张

财会主管：　　记账：　　出纳：　　复核：　　制单：

记账凭证

年　　月　　日　　　　　　　　字第＿＿号

摘　　要	总账科目	明细科目	借方金额										贷方金额										√
			千	百	十	万	千	百	十	元	角	分	千	百	十	万	千	百	十	元	角	分	
合　　计																							

附单据　　张

财会主管：　　记账：　　出纳：　　复核：　　制单：

记 账 凭 证

年　　月　　日　　　　　　　　　　　　　　　　　字第＿＿号

摘　要	总账科目	明细科目	借方金额										贷方金额										√
			千	百	十	万	千	百	十	元	角	分	千	百	十	万	千	百	十	元	角	分	
合　　计																							

附单据　张

财会主管：　　记账：　　出纳：　　复核：　　制单：

记 账 凭 证

年　　月　　日　　　　　　　　　　　　　　　　　字第＿＿号

摘　要	总账科目	明细科目	借方金额										贷方金额										√
			千	百	十	万	千	百	十	元	角	分	千	百	十	万	千	百	十	元	角	分	
合　　计																							

附单据　张

财会主管：　　记账：　　出纳：　　复核：　　制单：

记 账 凭 证

年　　月　　日　　　　　　　　　　　　　　　　　字第＿＿号

摘　要	总账科目	明细科目	借方金额										贷方金额										√
			千	百	十	万	千	百	十	元	角	分	千	百	十	万	千	百	十	元	角	分	
合　　计																							

附单据　张

财会主管：　　记账：　　出纳：　　复核：　　制单：

记账凭证

年　月　日　　　　　　　　　　　　字第＿＿号

摘要	总账科目	明细科目	借方金额										贷方金额										√
			千	百	十	万	千	百	十	元	角	分	千	百	十	万	千	百	十	元	角	分	
合计																							

附单据　张

财会主管：　记账：　出纳：　复核：　制单：

记账凭证

年　月　日　　　　　　　　　　　　字第＿＿号

摘要	总账科目	明细科目	借方金额										贷方金额										√
			千	百	十	万	千	百	十	元	角	分	千	百	十	万	千	百	十	元	角	分	
合计																							

附单据　张

财会主管：　记账：　出纳：　复核：　制单：

记账凭证

年　月　日　　　　　　　　　　　　字第＿＿号

摘要	总账科目	明细科目	借方金额										贷方金额										√
			千	百	十	万	千	百	十	元	角	分	千	百	十	万	千	百	十	元	角	分	
合计																							

附单据　张

财会主管：　记账：　出纳：　复核：　制单：

记账凭证

年　月　日　　　　　　　　字第___号

摘　要	总账科目	明细科目	借方金额										贷方金额										√
			千	百	十	万	千	百	十	元	角	分	千	百	十	万	千	百	十	元	角	分	
合　计																							

附单据　张

财会主管：　记账：　出纳：　复核：　制单：

记账凭证

年　月　日　　　　　　　　字第___号

摘　要	总账科目	明细科目	借方金额										贷方金额										√
			千	百	十	万	千	百	十	元	角	分	千	百	十	万	千	百	十	元	角	分	
合　计																							

附单据　张

财会主管：　记账：　出纳：　复核：　制单：

记账凭证

年　月　日　　　　　　　　字第___号

摘　要	总账科目	明细科目	借方金额										贷方金额										√
			千	百	十	万	千	百	十	元	角	分	千	百	十	万	千	百	十	元	角	分	
合　计																							

附单据　张

财会主管：　记账：　出纳：　复核：　制单：

记 账 凭 证

年　　月　　日　　　　　　　　　　　　　　　　　　　　字第＿＿号

摘　　要	总账科目	明细科目	借方金额										贷方金额										√
			千	百	十	万	千	百	十	元	角	分	千	百	十	万	千	百	十	元	角	分	
合　　计																							

附单据　张

财会主管：　　记账：　　出纳：　　复核：　　制单：

记 账 凭 证

年　　月　　日　　　　　　　　　　　　　　　　　　　　字第＿＿号

摘　　要	总账科目	明细科目	借方金额										贷方金额										√
			千	百	十	万	千	百	十	元	角	分	千	百	十	万	千	百	十	元	角	分	
合　　计																							

附单据　张

财会主管：　　记账：　　出纳：　　复核：　　制单：

记 账 凭 证

年　　月　　日　　　　　　　　　　　　　　　　　　　　字第＿＿号

摘　　要	总账科目	明细科目	借方金额										贷方金额										√
			千	百	十	万	千	百	十	元	角	分	千	百	十	万	千	百	十	元	角	分	
合　　计																							

附单据　张

财会主管：　　记账：　　出纳：　　复核：　　制单：

记账凭证

年　月　日　　　　字第＿＿号

摘　要	总账科目	明细科目	借方金额										贷方金额										√
			千	百	十	万	千	百	十	元	角	分	千	百	十	万	千	百	十	元	角	分	
合　计																							

附单据　张

财会主管：　记账：　出纳：　复核：　制单：

记账凭证

年　月　日　　　　字第＿＿号

摘　要	总账科目	明细科目	借方金额										贷方金额										√
			千	百	十	万	千	百	十	元	角	分	千	百	十	万	千	百	十	元	角	分	
合　计																							

附单据　张

财会主管：　记账：　出纳：　复核：　制单：

记账凭证

年　月　日　　　　字第＿＿号

摘　要	总账科目	明细科目	借方金额										贷方金额										√
			千	百	十	万	千	百	十	元	角	分	千	百	十	万	千	百	十	元	角	分	
合　计																							

附单据　张

财会主管：　记账：　出纳：　复核：　制单：

记账凭证

年　月　日　　　　　　　　字第＿＿号

摘　要	总账科目	明细科目	借方金额										贷方金额										√
			千	百	十	万	千	百	十	元	角	分	千	百	十	万	千	百	十	元	角	分	
合　计																							

附单据　张

财会主管：　记账：　出纳：　复核：　制单：

记账凭证

年　月　日　　　　　　　　字第＿＿号

摘　要	总账科目	明细科目	借方金额										贷方金额										√
			千	百	十	万	千	百	十	元	角	分	千	百	十	万	千	百	十	元	角	分	
合　计																							

附单据　张

财会主管：　记账：　出纳：　复核：　制单：

昌联

记账凭证

年　月　日　　　　　　　　字第＿＿号

摘　要	总账科目	明细科目	借方金额										贷方金额										√
			千	百	十	万	千	百	十	元	角	分	千	百	十	万	千	百	十	元	角	分	
合　计																							

附单据　张

财会主管：　记账：　出纳：　复核：　制单：

记账凭证

年　月　日　　　　　　　　　　　　字第＿＿号

摘　要	总账科目	明细科目	借方金额										贷方金额										√
			千	百	十	万	千	百	十	元	角	分	千	百	十	万	千	百	十	元	角	分	
合　计																							

附单据　张

财会主管：　记账：　出纳：　复核：　制单：

记账凭证

年　月　日　　　　　　　　　　　　字第＿＿号

摘　要	总账科目	明细科目	借方金额										贷方金额										√
			千	百	十	万	千	百	十	元	角	分	千	百	十	万	千	百	十	元	角	分	
合　计																							

附单据　张

财会主管：　记账：　出纳：　复核：　制单：

记账凭证

年　月　日　　　　　　　　　　　　字第＿＿号

摘　要	总账科目	明细科目	借方金额										贷方金额										√
			千	百	十	万	千	百	十	元	角	分	千	百	十	万	千	百	十	元	角	分	
合　计																							

附单据　张

财会主管：　记账：　出纳：　复核：　制单：

二、实验用科目汇总表汇总

科目汇总表 (1)

单位：元

年　月　日至　日　　汇字第　号

会计科目	1—15日发生额																			
	借　方										贷　方									
	千	百	十	万	千	百	十	元	角	分	千	百	十	万	千	百	十	元	角	分
合计																				

科目汇总表（2）

单位：元

年　月　日至　日　　　　汇字第　号

会计科目	16—30日发生额																			
	借　方										贷　方									
	千	百	十	万	千	百	十	元	角	分	千	百	十	万	千	百	十	元	角	分
合 计																				

科目汇总表 (1)

单位：元

年　月　日至　日　　　　汇字第　号

会计科目	1—15日发生额																			
	借　方										贷　方									
	千	百	十	万	千	百	十	元	角	分	千	百	十	万	千	百	十	元	角	分
合 计																				

科目汇总表（2）

单位：元

年　月　日至　日

汇字第　号

会计科目	16—31日发生额																			
	借　方										贷　方									
	千	百	十	万	千	百	十	元	角	分	千	百	十	万	千	百	十	元	角	分
合计																				

三、实验用日记账、明细分类账、总分类账账页汇总

（1）实验用总账账页（略）。

（2）实验用日记账、明细账账页。

现　　金　日记账

总第______页　分第______页

编号____________________

年		凭证		摘要	支票		借方										贷方										余额									
月	日	字	号		种类	号数	千	百	十	万	千	百	十	元	角	分	千	百	十	万	千	百	十	元	角	分	千	百	十	万	千	百	十	元	角	分

现　　金　日记账

总第______页　分第______页

编号______________

年		凭证		摘要	支票		借方										贷方										余额									
月	日	字	号		种类	号数	千	百	十	万	千	百	十	元	角	分	千	百	十	万	千	百	十	元	角	分	千	百	十	万	千	百	十	元	角	分

银行存款　日记账

总第______页　分第______页

子目、户名或编号__________

年		凭证		摘要	支票		借方										贷方										余额									
月	日	字	号		种类	号数	千	百	十	万	千	百	十	元	角	分	千	百	十	万	千	百	十	元	角	分	千	百	十	万	千	百	十	元	角	分

银行存款 日记账

总第______页 分第______页

子目、户名或编号__________

年		凭证		摘要	支票		借方										贷方										余额									
月	日	字	号		种类	号数	千	百	十	万	千	百	十	元	角	分	千	百	十	万	千	百	十	元	角	分	千	百	十	万	千	百	十	元	角	分

银行存款 日记账

总第______页　分第______页

子目、户名或编号____________

年		凭证		摘要	支票		借方										贷方										余额									
月	日	字	号		种类	号数	千	百	十	万	千	百	十	元	角	分	千	百	十	万	千	百	十	元	角	分	千	百	十	万	千	百	十	元	角	分

银行存款 日记账

总第______页 分第______页

子目、户名或编号__________

年		凭证		摘要	支票		借方										贷方										余额									
月	日	字	号		种类	号数	千	百	十	万	千	百	十	元	角	分	千	百	十	万	千	百	十	元	角	分	千	百	十	万	千	百	十	元	角	分

银行存款 日记账

总第______页 分第______页

子目、户名或编号__________

年		凭证		摘要	支票		借方										贷方										余额									
月	日	字	号		种类	号数	千	百	十	万	千	百	十	元	角	分	千	百	十	万	千	百	十	元	角	分	千	百	十	万	千	百	十	元	角	分

明细分类账

总第______页　分第______页
会计科目或编号______________
子目或编号______________

年		凭证		摘要	借方										√	贷方										借或贷	余额									
月	日	字	号		千	百	十	万	千	百	十	元	角	分		千	百	十	万	千	百	十	元	角	分		千	百	十	万	千	百	十	元	角	分

明细分类账

总第______页　分第______页
会计科目或编号______________
子目或编号______________

年		凭证		摘要	借方										√	贷方										借或贷	余额									
月	日	字	号		千	百	十	万	千	百	十	元	角	分		千	百	十	万	千	百	十	元	角	分		千	百	十	万	千	百	十	元	角	分

明细分类账

总第______页　分第______页

会计科目或编号______________

子目或编号______________

年		凭证		摘要	借方										√	贷方										借或贷	余额									
月	日	字	号		千	百	十	万	千	百	十	元	角	分		千	百	十	万	千	百	十	元	角	分		千	百	十	万	千	百	十	元	角	分

明细分类账

总第______页　分第______页

会计科目或编号______________

子目或编号________________

年		凭证		摘要	借方										√	贷方										借或贷	余额									
月	日	字	号		千	百	十	万	千	百	十	元	角	分		千	百	十	万	千	百	十	元	角	分		千	百	十	万	千	百	十	元	角	分

明细分类账

总第______页　分第______页
会计科目或编号______________
子目或编号______________

年		凭证		摘要	借方										√	贷方										借或贷	余额									
月	日	字	号		千	百	十	万	千	百	十	元	角	分		千	百	十	万	千	百	十	元	角	分		千	百	十	万	千	百	十	元	角	分

明细分类账

总第______页 分第______页

会计科目或编号______________

子目或编号________________

年		凭证		摘要	借方										√	贷方										借或贷	余额									
月	日	字	号		千	百	十	万	千	百	十	元	角	分		千	百	十	万	千	百	十	元	角	分		千	百	十	万	千	百	十	元	角	分

明细分类账

总第______页　分第______页
会计科目或编号______________
子目或编号______________

年		凭证		摘要	借方										√	贷方										借或贷	余额									
月	日	字	号		千	百	十	万	千	百	十	元	角	分		千	百	十	万	千	百	十	元	角	分		千	百	十	万	千	百	十	元	角	分

明细分类账

总第______页　分第______页
会计科目或编号____________
子目或编号______________

年		凭证		摘要	借方										√	贷方										借或贷	余额									
月	日	字	号		千	百	十	万	千	百	十	元	角	分		千	百	十	万	千	百	十	元	角	分		千	百	十	万	千	百	十	元	角	分

明细分类账

总第______页　分第______页

会计科目或编号______________

子目或编号______________

年		凭证		摘要	借方										√	贷方										借或贷	余额									
月	日	字	号		千	百	十	万	千	百	十	元	角	分		千	百	十	万	千	百	十	元	角	分		千	百	十	万	千	百	十	元	角	分

明细分类账

总第______页　分第______页
会计科目或编号______________
子目或编号______________

年		凭证		摘要	借方										√	贷方										借或贷	余额									
月	日	字	号		千	百	十	万	千	百	十	元	角	分		千	百	十	万	千	百	十	元	角	分		千	百	十	万	千	百	十	元	角	分

明细分类账

最高存量	
最低存量	

总第______页　分第______页

会计科目或编号____________

部类______________产地______________单位____________________规格____________品名________________

年		凭证		摘要	借方												贷方												余额											
月	日	字	号		数量	单价	金额										数量	单价	金额										数量	均价	金额									
							千	百	十	万	千	百	十	元	角	分			千	百	十	万	千	百	十	元	角	分			千	百	十	万	千	百	十	元	角	分

最高存量	
最低存量	

总第______页　分第______页

会计科目或编号____________

明细分类账

部类______________ 产地______________ 单位____________________ 规格______________ 品名__________________

年		凭证		摘要	借方												贷方												余额											
月	日	字	号		数量	单价	金额										数量	单价	金额										数量	均价	金额									
							千	百	十	万	千	百	十	元	角	分			千	百	十	万	千	百	十	元	角	分			千	百	十	万	千	百	十	元	角	分

明细分类账

最高存量	
最低存量	

总第______页　分第______页

会计科目或编号____________

部类______________产地______________单位____________________规格____________品名__________________

年		凭证		摘要	借方												贷方												余额											
月	日	字	号		数量	单价	金额										数量	单价	金额										数量	均价	金额									
							千	百	十	万	千	百	十	元	角	分			千	百	十	万	千	百	十	元	角	分			千	百	十	万	千	百	十	元	角	分

明细分类账

最高存量	
最低存量	

总第______页　分第______页

会计科目或编号____________

部类______________　产地______________　单位______________　规格______________　品名______________

年		凭证		摘要	借方												贷方												余额											
					数量	单价	金额										数量	单价	金额										数量	均价	金额									
月	日	字	号				千	百	十	万	千	百	十	元	角	分			千	百	十	万	千	百	十	元	角	分			千	百	十	万	千	百	十	元	角	分

明细分类账

最高存量	
最低存量	

总第____页　分第____页

会计科目或编号________

部类________ 产地________ 单位________ 规格________ 品名________

年		凭证		摘要	借方												贷方												余额											
月	日	字	号		数量	单价	金额										数量	单价	金额										数量	均价	金额									
							千	百	十	万	千	百	十	元	角	分			千	百	十	万	千	百	十	元	角	分			千	百	十	万	千	百	十	元	角	分

明细分类账

最高存量	
最低存量	

总第______页　分第______页

会计科目或编号____________

部类____________　产地____________　单位________________　规格____________　品名______________

年		凭证		摘要	借方												贷方												余额											
月	日	字	号		数量	单价	金额										数量	单价	金额										数量	均价	金额									
							千	百	十	万	千	百	十	元	角	分			千	百	十	万	千	百	十	元	角	分			千	百	十	万	千	百	十	元	角	分

明细分类账

最高存量	
最低存量	

总第____页　分第____页

会计科目或编号________

部类________ 产地________ 单位________ 规格________ 品名________

年		凭证		摘要	借方												贷方												余额											
月	日	字	号		数量	单价	金额										数量	单价	金额										数量	均价	金额									
							千	百	十	万	千	百	十	元	角	分			千	百	十	万	千	百	十	元	角	分			千	百	十	万	千	百	十	元	角	分

明细分类账

最高存量	
最低存量	

总第______页 分第______页

会计科目或编号____________

部类______________产地______________单位____________________规格____________ 品名__________________

年		凭证		摘要	借方												贷方												余额											
月	日	字	号		数量	单价	金额										数量	单价	金额										数量	均价	金额									
							千	百	十	万	千	百	十	元	角	分			千	百	十	万	千	百	十	元	角	分			千	百	十	万	千	百	十	元	角	分

明细分类账

最高存量	
最低存量	

总第______页 分第______页

会计科目或编号____________

部类____________ 产地____________ 单位________________ 规格__________ 品名______________

年		凭证		摘要	借方												贷方												余额											
月	日	字	号		数量	单价	金额										数量	单价	金额										数量	均价	金额									
							千	百	十	万	千	百	十	元	角	分			千	百	十	万	千	百	十	元	角	分			千	百	十	万	千	百	十	元	角	分

明细分类账

最高存量	
最低存量	

总第______页　分第______页

会计科目或编号____________

部类______________ 产地______________ 单位____________________ 规格____________ 品名__________________

年		凭证		摘要	借方												贷方												余额											
							金额												金额												金额									
月	日	字	号		数量	单价	千	百	十	万	千	百	十	元	角	分	数量	单价	千	百	十	万	千	百	十	元	角	分	数量	均价	千	百	十	万	千	百	十	元	角	分

明细分类账

最高存量	
最低存量	

总第______页　分第______页

会计科目或编号______________

部类______________产地______________单位______________规格______________品名______________

年		凭证		摘要	借方												贷方												余额											
月	日	字	号		数量	单价	金额										数量	单价	金额										数量	均价	金额									
							千	百	十	万	千	百	十	元	角	分			千	百	十	万	千	百	十	元	角	分			千	百	十	万	千	百	十	元	角	分

明细分类账

最高存量	
最低存量	

总第____页　分第____页

会计科目或编号____________

部类______________　产地______________　单位____________________　规格____________　品名__________________

年		凭证		摘要	借方												贷方												余额											
月	日	字	号		数量	单价	金额										数量	单价	金额										数量	均价	金额									
							千	百	十	万	千	百	十	元	角	分			千	百	十	万	千	百	十	元	角	分			千	百	十	万	千	百	十	元	角	分

明细分类账

最高存量	
最低存量	

总第______页　分第______页

会计科目或编号____________

部类______________ 单位______________ 规格______________ 品名______________

年		凭证		摘要	借方												贷方												余额											
月	日	字	号		数量	单价	金额										数量	单价	金额										数量	均价	金额									
							千	百	十	万	千	百	十	元	角	分			千	百	十	万	千	百	十	元	角	分			千	百	十	万	千	百	十	元	角	分

明细分类账

最高存量	
最低存量	

总第______页　分第______页

会计科目或编号____________

部类______________单位______________规格______________品名______________

年		凭证		摘要	借方												贷方												余额											
					数量	单价	金额										数量	单价	金额										数量	均价	金额									
月	日	字	号				千	百	十	万	千	百	十	元	角	分			千	百	十	万	千	百	十	元	角	分			千	百	十	万	千	百	十	元	角	分

明细分类账

最高存量	
最低存量	

总第______页　分第______页

会计科目或编号____________

部类____________ 单位____________ 规格____________ 品名____________

年		凭证		摘要	借方												贷方												余额											
月	日	字	号		数量	单价	金额										数量	单价	金额										数量	均价	金额									
							千	百	十	万	千	百	十	元	角	分			千	百	十	万	千	百	十	元	角	分			千	百	十	万	千	百	十	元	角	分

明细分类账

最高存量	
最低存量	

总第______页　分第______页

会计科目或编号____________

部类______________单位______________规格____________品名______________

年		凭证		摘要	借方												贷方												余额											
月	日	字	号		数量	单价	金额										数量	单价	金额										数量	均价	金额									
							千	百	十	万	千	百	十	元	角	分			千	百	十	万	千	百	十	元	角	分			千	百	十	万	千	百	十	元	角	分

明细分类账

最高存量	
最低存量	

总第____页 分第____页

会计科目或编号__________

部类__________单位__________规格__________品名__________

年		凭证		摘要	借方												贷方												余额											
月	日	字	号		数量	单价	金额										数量	单价	金额										数量	均价	金额									
							千	百	十	万	千	百	十	元	角	分			千	百	十	万	千	百	十	元	角	分			千	百	十	万	千	百	十	元	角	分

明细分类账

最高存量	
最低存量	

总第______页　分第______页

会计科目或编号______________

部类______________ 单位______________ 规格______________ 品名______________

年		凭证		摘要	借方												贷方												余额											
月	日	字	号		数量	单价	金额										数量	单价	金额										数量	均价	金额									
							千	百	十	万	千	百	十	元	角	分			千	百	十	万	千	百	十	元	角	分			千	百	十	万	千	百	十	元	角	分

明细分类账

总第______页　分第______页

会计科目或编号____________

年		凭证		摘要	借方										贷方										借或贷	余额										（　）方																			
月	日	字	号		千	百	十	万	千	百	十	元	角	分	千	百	十	万	千	百	十	元	角	分		千	百	十	万	千	百	十	元	角	分	千	百	十	万	千	百	十	元	角	分	千	百	十	万	千	百	十	元	角	分

金额分析																																																	
千	百	十	万	千	百	十	元	角	分	千	百	十	万	千	百	十	元	角	分	千	百	十	万	千	百	十	元	角	分	千	百	十	万	千	百	十	元	角	分	千	百	十	万	千	百	十	元	角	分

明细分类账

总第______页　分第______页
会计科目或编号______

年		凭证		摘要	借方										贷方										借或贷	余额										（　　）方																			
月	日	字	号		千	百	十	万	千	百	十	元	角	分	千	百	十	万	千	百	十	元	角	分		千	百	十	万	千	百	十	元	角	分	千	百	十	万	千	百	十	元	角	分	千	百	十	万	千	百	十	元	角	分

金额分析																																																	
千	百	十	万	千	百	十	元	角	分	千	百	十	万	千	百	十	元	角	分	千	百	十	万	千	百	十	元	角	分	千	百	十	万	千	百	十	元	角	分	千	百	十	万	千	百	十	元	角	分

明细分类账

总第_______页　分第_______页
会计科目或编号____________

年		凭证		摘要	借方										贷方										借或贷	余额										（　　）方																			
月	日	字	号		千	百	十	万	千	百	十	元	角	分	千	百	十	万	千	百	十	元	角	分		千	百	十	万	千	百	十	元	角	分	千	百	十	万	千	百	十	元	角	分	千	百	十	万	千	百	十	元	角	分

金额分析																																																	
千	百	十	万	千	百	十	元	角	分	千	百	十	万	千	百	十	元	角	分	千	百	十	万	千	百	十	元	角	分	千	百	十	万	千	百	十	元	角	分	千	百	十	万	千	百	十	元	角	分

明细分类账

总第________页　分第________页

会计科目或编号________________

年		凭证		摘要	借方										贷方										借或贷	余额										（　　）方																			
月	日	字	号		千	百	十	万	千	百	十	元	角	分	千	百	十	万	千	百	十	元	角	分		千	百	十	万	千	百	十	元	角	分	千	百	十	万	千	百	十	元	角	分	千	百	十	万	千	百	十	元	角	分

金额分析																																																	
千	百	十	万	千	百	十	元	角	分	千	百	十	万	千	百	十	元	角	分	千	百	十	万	千	百	十	元	角	分	千	百	十	万	千	百	十	元	角	分	千	百	十	万	千	百	十	元	角	分

明细分类账

总第________页　分第________页

会计科目或编号____________

年		凭证		摘　要	借　　方										贷　　方										借或贷	余　　额										（　　）方																			
月	日	字	号		千	百	十	万	千	百	十	元	角	分	千	百	十	万	千	百	十	元	角	分		千	百	十	万	千	百	十	元	角	分	千	百	十	万	千	百	十	元	角	分	千	百	十	万	千	百	十	元	角	分

金额分析																																																	
千	百	十	万	千	百	十	元	角	分	千	百	十	万	千	百	十	元	角	分	千	百	十	万	千	百	十	元	角	分	千	百	十	万	千	百	十	元	角	分	千	百	十	万	千	百	十	元	角	分

明细分类账

总第______页　分第______页

会计科目或编号__________

<table>
<tr><th colspan="2">年</th><th colspan="2">凭证</th><th rowspan="2">摘　要</th><th colspan="10">借　　方</th><th colspan="10">贷　　方</th><th rowspan="2">借或贷</th><th colspan="10">余　　额</th><th colspan="20">（　　）方</th></tr>
<tr><th>月</th><th>日</th><th>字</th><th>号</th><th>千</th><th>百</th><th>十</th><th>万</th><th>千</th><th>百</th><th>十</th><th>元</th><th>角</th><th>分</th><th>千</th><th>百</th><th>十</th><th>万</th><th>千</th><th>百</th><th>十</th><th>元</th><th>角</th><th>分</th><th>千</th><th>百</th><th>十</th><th>万</th><th>千</th><th>百</th><th>十</th><th>元</th><th>角</th><th>分</th><th>千</th><th>百</th><th>十</th><th>万</th><th>千</th><th>百</th><th>十</th><th>元</th><th>角</th><th>分</th><th>千</th><th>百</th><th>十</th><th>万</th><th>千</th><th>百</th><th>十</th><th>元</th><th>角</th><th>分</th></tr>
</table>

金额分析																																																	
千	百	十	万	千	百	十	元	角	分	千	百	十	万	千	百	十	元	角	分	千	百	十	万	千	百	十	元	角	分	千	百	十	万	千	百	十	元	角	分	千	百	十	万	千	百	十	元	角	分

明细分类账

总第________页　分第________页

会计科目或编号________________

年		凭证		摘要	借方										贷方										借或贷	余额										（　　）方																			
月	日	字	号		千	百	十	万	千	百	十	元	角	分	千	百	十	万	千	百	十	元	角	分		千	百	十	万	千	百	十	元	角	分	千	百	十	万	千	百	十	元	角	分	千	百	十	万	千	百	十	元	角	分

金额分析																																																	
千	百	十	万	千	百	十	元	角	分	千	百	十	万	千	百	十	元	角	分	千	百	十	万	千	百	十	元	角	分	千	百	十	万	千	百	十	元	角	分	千	百	十	万	千	百	十	元	角	分

明细分类账

总第________页　分第________页
会计科目或编号________________

年		凭证		摘　要	借　　方										贷　　方										借或贷	余　　额										（　　　）　方																			
月	日	字	号		千	百	十	万	千	百	十	元	角	分	千	百	十	万	千	百	十	元	角	分		千	百	十	万	千	百	十	元	角	分	千	百	十	万	千	百	十	元	角	分	千	百	十	万	千	百	十	元	角	分

金额分析																																																	
千	百	十	万	千	百	十	元	角	分	千	百	十	万	千	百	十	元	角	分	千	百	十	万	千	百	十	元	角	分	千	百	十	万	千	百	十	元	角	分	千	百	十	万	千	百	十	元	角	分

明细分类账

总第______页 分第______页
会计科目或编号______

年		凭证		摘要	借方										贷方										借或贷	余额										（ ）方																			
月	日	字	号		千	百	十	万	千	百	十	元	角	分	千	百	十	万	千	百	十	元	角	分		千	百	十	万	千	百	十	元	角	分	千	百	十	万	千	百	十	元	角	分	千	百	十	万	千	百	十	元	角	分

金额分析																																																	
千	百	十	万	千	百	十	元	角	分	千	百	十	万	千	百	十	元	角	分	千	百	十	万	千	百	十	元	角	分	千	百	十	万	千	百	十	元	角	分	千	百	十	万	千	百	十	元	角	分

明细分类账

总第_______页　分第_______页
会计科目或编号____________

年		凭证		摘要	借方										贷方										借或贷	余额										（　　）方																			
月	日	字	号		千	百	十	万	千	百	十	元	角	分	千	百	十	万	千	百	十	元	角	分		千	百	十	万	千	百	十	元	角	分	千	百	十	万	千	百	十	元	角	分	千	百	十	万	千	百	十	元	角	分

金额分析																																																	
千	百	十	万	千	百	十	元	角	分	千	百	十	万	千	百	十	元	角	分	千	百	十	万	千	百	十	元	角	分	千	百	十	万	千	百	十	元	角	分	千	百	十	万	千	百	十	元	角	分

明细分类账

总第________页　分第________页

会计科目或编号________________

年		凭证		摘要	借方										贷方										借或贷	余额										（　　）方																			
月	日	字	号		千	百	十	万	千	百	十	元	角	分	千	百	十	万	千	百	十	元	角	分		千	百	十	万	千	百	十	元	角	分	千	百	十	万	千	百	十	元	角	分	千	百	十	万	千	百	十	元	角	分

金额分析																																																	
千	百	十	万	千	百	十	元	角	分	千	百	十	万	千	百	十	元	角	分	千	百	十	万	千	百	十	元	角	分	千	百	十	万	千	百	十	元	角	分	千	百	十	万	千	百	十	元	角	分

明细分类账

总第＿＿＿＿页　分第＿＿＿＿页
会计科目或编号＿＿＿＿＿＿＿＿

年		凭证		摘要	借方										贷方										借或贷	余额										（　　）方																			
月	日	字	号		千	百	十	万	千	百	十	元	角	分	千	百	十	万	千	百	十	元	角	分		千	百	十	万	千	百	十	元	角	分	千	百	十	万	千	百	十	元	角	分	千	百	十	万	千	百	十	元	角	分

金额分析																																																	
千	百	十	万	千	百	十	元	角	分	千	百	十	万	千	百	十	元	角	分	千	百	十	万	千	百	十	元	角	分	千	百	十	万	千	百	十	元	角	分	千	百	十	万	千	百	十	元	角	分

总分类账

总第 ____ 页　　分第 ____ 页

会计科目或编号____________

年		凭证		摘要	借方										√	贷方										借或贷	余额								
月	日	字	号		千	百	十	万	千	百	十	元	角	分		千	百	十	万	千	百	十	元	角	分		千	百	十	万	千	百	十	元	角

总分类账

总第 ____ 页　　分第 ____ 页

会计科目或编号____________

年		凭证		摘要	借方										√	贷方										借或贷	余额								
月	日	字	号		千	百	十	万	千	百	十	元	角	分		千	百	十	万	千	百	十	元	角	分		千	百	十	万	千	百	十	元	角

总分类账

总第 ____ 页 分第 ___ 页

会计科目或编号____________

年		凭证		摘要	借方										√	贷方										借或贷	余额								
月	日	字	号		千	百	十	万	千	百	十	元	角	分		千	百	十	万	千	百	十	元	角	分		千	百	十	万	千	百	十	元	角

总分类账

总第 ____ 页 分第 ___ 页

会计科目或编号____________

年		凭证		摘要	借方										√	贷方										借或贷	余额								
月	日	字	号		千	百	十	万	千	百	十	元	角	分		千	百	十	万	千	百	十	元	角	分		千	百	十	万	千	百	十	元	角

总分类账

总第 ____ 页　　分第 ___ 页

会计科目或编号____________

年		凭证		摘要	借方										√	贷方										借或贷	余额								
月	日	字	号		千	百	十	万	千	百	十	元	角	分		千	百	十	万	千	百	十	元	角	分		千	百	十	万	千	百	十	元	角

总分类账

总第 ____ 页　　分第 ___ 页

会计科目或编号____________

年		凭证		摘要	借方										√	贷方										借或贷	余额								
月	日	字	号		千	百	十	万	千	百	十	元	角	分		千	百	十	万	千	百	十	元	角	分		千	百	十	万	千	百	十	元	角

总分类账

总第 ____ 页　　分第 ___ 页

会计科目或编号______________

年		凭证		摘要	借方										√	贷方										借或贷	余额								
月	日	字	号		千	百	十	万	千	百	十	元	角	分		千	百	十	万	千	百	十	元	角	分		千	百	十	万	千	百	十	元	角

总分类账

总第 ____ 页　　分第 ___ 页

会计科目或编号______________

年		凭证		摘要	借方										√	贷方										借或贷	余额								
月	日	字	号		千	百	十	万	千	百	十	元	角	分		千	百	十	万	千	百	十	元	角	分		千	百	十	万	千	百	十	元	角

总分类账

总第 ____ 页　　分第 ___ 页

会计科目或编号____________

年		凭证		摘要	借方										√	贷方										借或贷	余额								
月	日	字	号		千	百	十	万	千	百	十	元	角	分		千	百	十	万	千	百	十	元	角	分		千	百	十	万	千	百	十	元	角

总分类账

总第 ____ 页　　分第 ___ 页

会计科目或编号____________

年		凭证		摘要	借方										√	贷方										借或贷	余额								
月	日	字	号		千	百	十	万	千	百	十	元	角	分		千	百	十	万	千	百	十	元	角	分		千	百	十	万	千	百	十	元	角

总分类账

总第 ____ 页　　分第 ____ 页

会计科目或编号____________

年		凭证		摘要	借方										√	贷方										借或贷	余额								
月	日	字	号		千	百	十	万	千	百	十	元	角	分		千	百	十	万	千	百	十	元	角	分		千	百	十	万	千	百	十	元	角

总分类账

总第 ____ 页　　分第 ____ 页

会计科目或编号____________

年		凭证		摘要	借方										√	贷方										借或贷	余额								
月	日	字	号		千	百	十	万	千	百	十	元	角	分		千	百	十	万	千	百	十	元	角	分		千	百	十	万	千	百	十	元	角

总分类账

总第 ____ 页　　分第 ___ 页

会计科目或编号 ____________

年		凭证		摘要	借方										√	贷方										借或贷	余额								
月	日	字	号		千	百	十	万	千	百	十	元	角	分		千	百	十	万	千	百	十	元	角	分		千	百	十	万	千	百	十	元	角

总分类账

总第 ____ 页　　分第 ___ 页

会计科目或编号 ____________

年		凭证		摘要	借方										√	贷方										借或贷	余额								
月	日	字	号		千	百	十	万	千	百	十	元	角	分		千	百	十	万	千	百	十	元	角	分		千	百	十	万	千	百	十	元	角

总分类账

总第 ____ 页　　分第 ___ 页

会计科目或编号 ____________

年		凭证		摘要	借方										√	贷方										借或贷	余额								
月	日	字	号		千	百	十	万	千	百	十	元	角	分		千	百	十	万	千	百	十	元	角	分		千	百	十	万	千	百	十	元	角

总分类账

总第 ____ 页　　分第 ___ 页

会计科目或编号 ____________

年		凭证		摘要	借方										√	贷方										借或贷	余额								
月	日	字	号		千	百	十	万	千	百	十	元	角	分		千	百	十	万	千	百	十	元	角	分		千	百	十	万	千	百	十	元	角

总分类账

总第 ____ 页　　分第 ___ 页

会计科目或编号____________

年		凭证		摘要	借方										√	贷方										借或贷	余额								
月	日	字	号		千	百	十	万	千	百	十	元	角	分		千	百	十	万	千	百	十	元	角	分		千	百	十	万	千	百	十	元	角

总分类账

总第 ____ 页　　分第 ___ 页

会计科目或编号____________

年		凭证		摘要	借方										√	贷方										借或贷	余额								
月	日	字	号		千	百	十	万	千	百	十	元	角	分		千	百	十	万	千	百	十	元	角	分		千	百	十	万	千	百	十	元	角

总分类账

总第 ____ 页　　分第 ___ 页

会计科目或编号 ____________

年		凭证		摘要	借方										√	贷方										借或贷	余额								
月	日	字	号		千	百	十	万	千	百	十	元	角	分		千	百	十	万	千	百	十	元	角	分		千	百	十	万	千	百	十	元	角

总分类账

总第 ____ 页　　分第 ___ 页

会计科目或编号 ____________

年		凭证		摘要	借方										√	贷方										借或贷	余额								
月	日	字	号		千	百	十	万	千	百	十	元	角	分		千	百	十	万	千	百	十	元	角	分		千	百	十	万	千	百	十	元	角

总分类账

总第 ____ 页　　分第 ____ 页

会计科目或编号 ____________

年		凭证		摘要	借方										√	贷方										借或贷	余额								
月	日	字	号		千	百	十	万	千	百	十	元	角	分		千	百	十	万	千	百	十	元	角	分		千	百	十	万	千	百	十	元	角

总分类账

总第 ____ 页　　分第 ____ 页

会计科目或编号 ____________

年		凭证		摘要	借方										√	贷方										借或贷	余额								
月	日	字	号		千	百	十	万	千	百	十	元	角	分		千	百	十	万	千	百	十	元	角	分		千	百	十	万	千	百	十	元	角

总分类账

总第 ____ 页　　分第 ___ 页

会计科目或编号____________

年		凭证		摘要	借方										√	贷方										借或贷	余额								
月	日	字	号		千	百	十	万	千	百	十	元	角	分		千	百	十	万	千	百	十	元	角	分		千	百	十	万	千	百	十	元	角

总分类账

总第 ____ 页　　分第 ___ 页

会计科目或编号____________

年		凭证		摘要	借方										√	贷方										借或贷	余额								
月	日	字	号		千	百	十	万	千	百	十	元	角	分		千	百	十	万	千	百	十	元	角	分		千	百	十	万	千	百	十	元	角

四、实验用资产负债表汇总

资产负债表

编制单位：　　　　　　　　　　　　　　年　　月　　日　　　　　　　　　　　　单位：元

资产	期末余额	年初余额	负债和所有者权益（或股东权益）	期末余额	年初余额
流动资产：			流动负债：		
货币资金			短期借款		
交易性金融资产			交易性金融负债		
衍生金融资产			衍生金融负债		
应收票据			应付票据		
应收账款			应付账款		
应收款项融资			预收款项		
预付款项			合同负债		
其他应收款			应付职工薪酬		
存货			应交税费		
合同资产			其他应付款		
持有待售资产			持有待售负债		
一年内到期的非流动资产			一年内到期的非流动负债		
其他流动资产			其他流动负债		
流动资产合计			流动负债合计		
非流动资产：			非流动负债：		
债权投资			长期借款		
其他债权投资			应付债券		
长期应收款			其中：优先股		
长期股权投资			永续债		
其他权益工具投资			租赁负债		
其他非流动金融资产			长期应付款		
投资性房地产			预计负债		
固定资产			递延收益		
在建工程			递延所得税负债		
生产性生物资产			其他非流动负债		

续表

资产	期末余额	年初余额	负债和所有者权益（或股东权益）	期末余额	年初余额
油气资产			非流动负债合计		
使用权资产			负债合计		
无形资产			所有者权益（或股东权益）：		
开发支出			实收资本（或股本）		
商誉			其他权益工具		
长期待摊费用			其中：优先股		
递延所得税资产			永续债		
其他非流动资产			资本公积		
非流动资产合计			减：库存股		
			其他综合收益		
			专项储备		
			盈余公积		
			未分配利润		
			所有者权益（或股东权益）合计		
资产总计			负债和所有者权益（或股东权益）总计		

五、实验用利润表汇总

利润表

企业 02 表

编制单位：　　　　年　　月　　　　单位：元

项目	本期金额	上期金额
一、营业收入		
减：营业成本		
税金及附加		
销售费用		
管理费用		
研发费用		
财务费用		
其中：利息费用		

续表

项目	本期金额	上期金额
利息收入		
加：其他收益		
投资收益（损失以“—”号填列）		
其中：对联营企业和合营企业的投资收益		
以摊余成本计量的金融资产终止确认收益（损失以“—”号填列）		
净敞口套期收益（损失以“—”号填列）		
公允价值变动收益（损失以“—”号填列）		
信用减值损失（损失以“—”号填列）		
资产减值损失（损失以“—”号填列）		
资产处置收益（损失以“—”号填列）		
二、营业利润（亏损以“—”号填列）		
加：营业外收入		
减：营业外支出		
三、利润总额（亏损总额以“—”号填列）		
减：所得税费用		
四、净利润（净亏损以“—”号填列）		
（一）持续经营净利润（净亏损以“—”号填列）		
（二）终止经营净利润（净亏损以“—”号填列）		
五、其他综合收益的税后净额		
（一）不能重分类进损益的其他综合收益		
1. 重新计量设定受益计划变动额		
2. 权益法下不能转损益的其他综合收益		
3. 其他权益工具投资公允价值变动		
4. 企业自身信用风险公允价值变动		
……		
（二）将重分类进损益的其他综合收益		
1. 权益法下可转损益的其他综合收益		
2. 其他债权投资公允价值变动		
3. 金融资产重分类计入其他综合收益的金额		
4. 其他债权投资信用减值准备		
5. 现金流量套期储备		
6. 外币财务报表折算差额		
……		
六、综合收益总额		
七、每股收益：		
（一）基本每股收益		
（二）稀释每股收益		

六、实验用增值税纳税申报表

增值税纳税申报表

（增值税一般纳税人适用）

根据国家税收法律法规及增值税相关规定制定本表。纳税人不论有无销售额，均应按主管税务机关核定的纳税期限填写本表，并向当地税务机关申报。

税款所属时间：自2024年　月　日至2024年　月　日　　填表日期：2024年　月　日　　金额单位：元（至角分）

纳税人识别号（统一社会信用代码）：　　所属行业：

<table>
<tr><td colspan="2">纳税人名称：</td><td>法定代表人姓名</td><td></td><td>注册地址</td><td></td><td>生产经营地址</td><td></td></tr>
<tr><td>开户银行及账号</td><td></td><td colspan="2">登记注册类型</td><td colspan="2"></td><td>电话号码</td><td></td></tr>
<tr><td colspan="2" rowspan="2">项目</td><td rowspan="2">栏次</td><td colspan="2">一般项目</td><td colspan="2">即征即退项目</td></tr>
<tr><td>本月数</td><td>本年累计</td><td>本月数</td><td>本年累计</td></tr>
<tr><td rowspan="10">销售额</td><td>（一）按适用税率计税销售额</td><td>1</td><td></td><td></td><td></td><td></td></tr>
<tr><td>其中：应税凭物销售额</td><td>2</td><td></td><td></td><td></td><td></td></tr>
<tr><td>应税劳务销售额</td><td>3</td><td></td><td></td><td></td><td></td></tr>
<tr><td>纳税检查调整的销售额</td><td>4</td><td></td><td></td><td></td><td></td></tr>
<tr><td>（二）按简易办法计税销售额</td><td>5</td><td></td><td></td><td></td><td></td></tr>
<tr><td>其中：纳税检查调整的销售额</td><td>6</td><td></td><td></td><td></td><td></td></tr>
<tr><td>（三）免、抵、退办法出口销售额</td><td>7</td><td></td><td></td><td></td><td></td></tr>
<tr><td>（四）免税销售额</td><td>8</td><td></td><td></td><td></td><td></td></tr>
<tr><td>其中：免税货物销售额</td><td>9</td><td></td><td></td><td></td><td></td></tr>
<tr><td>免税劳务销售额</td><td>10</td><td></td><td></td><td></td><td></td></tr>
</table>

续表

项目		栏次	一般项目		即征即退项目	
			本月数	本年累计	本月数	本年累计
税款计算	销项税额	11				
	进项税额	12				
	上期留抵税额	13				
	进项税额转出	14				
	免、抵、退应退税额	15				
	按适用税率计算的纳税检查应补缴税额	16				
	应抵扣税额合计	17＝12＋13－14－15＋16				
	实际抵扣税额	18（如 17＜11，则为 17，否则为 11）				
	应纳税额	19＝11－18				
	期末留抵税额	20＝17－18				
	简易计税办法计算的应纳税额	21				
	按简易计税办法计算的纳税检查应补缴税额	22				
	应纳税额减征额	23				
	应纳税额合计	24＝19＋21－23				
税款缴纳	期初未缴税额（多缴为负数）	25				
	实收出口开具专用缴款书退税额	26				
	本期已缴税额	27＝28＋29＋30＋31				
	① 分次预缴税额	28				
	② 出口开具专用缴款书预缴税额	29				
	③ 本期缴纳上期应纳税额	30				
	④ 本期缴纳欠缴税额	31				
	期末未缴税额（多缴为负数）	32＝24＋25＋26－27				

续表

项目		栏次	一般项目		即征即退项目	
			本月数	本年累计	本月数	本年累计
税款缴纳	其中：欠缴税额（≥0）	33＝25＋26－27				
	本期应补（退）税额	34＝24－28－29				
	即征即退实际退税额	35				
	期初未缴查补税额	36				
	本期入库查补税额	37				
	期末未缴查补税额	38＝16＋22＋36－37				
附加税费	城市维护建设税本期应补（退）税额	39				
	教育费附加本期应补（退）费额	40				
	地方教育附加本期应补（退）费额	41				

声明：此表是根据国家税收法律法规及相关规定填写的，本人（单位）对填报内容（及附带资料）的真实性、可靠性、完整性负责。

纳税人（签章）：　　年　　月　　日

经办人： 经办人身份证号： 代理机构签章： 代理机构统一社会信用代码：	受理人： 受理税务机关（章）：　　受理日期：　　年　　月　　日